최근 신학과 철학에 있어서 이룬 괄목할만한 진보는 만약 우리가 아는 내용을 어떻게 실천해야 할지 모른다면 우리가 사용하는 언어들의 의미가 무엇인지 알지 못한 것이라는 사실을 (재)발견한 것이다. 요더의 『교회, 그 몸의 정치』는 이러한 사상과 삶의 친밀한 언어, 그리고 교리와 실행 예식들의 친밀한 언어를 충분히 이해할 수 있도록 구체적으로 제시한 책이다.

낸시 머피 *Nancy Murphy*, 풀러 신학대학원

개신교 그리스도인들은 종종 교회의 공적인 실행예식들을 멋진 장식품쯤으로 여기거나, 개인적인 영성이나 사회윤리와 같이 근본적인 신학적 세계 밑에 깔린 부차적인 개념 정도로 여기도록 유혹을 받는다. 『교회, 그 몸의 정치』에서 요더는 침례세례를 받는 것에서부터 식탁의 교제에 이르기까지 교회가 어떻게 소통해야 하는지, 그리고 하나님의 통치를 위해 어떻게 중요한 요소들을 함께 이루어 나가야 하는지 소개하고 있다.

제랄드 제이 비세커 *Gerald J. Biesecker*, 블러프턴 대학

만약 초대교회 삶이 다가오는 미래 교회의 모습을 보여주는 것이라면, 요더의 『교회, 그 몸의 정치』는 이 세상에 존재하는 교회의 역할과 선교에 새로운 빛을 던져주는 책이 될 것이다. 더욱 중요한 것은 이 책이 교회 안에서 펼쳐질 미래의 세상에 새로운 빛을 비춰준다는 사실이다.

로버트 잭 수더만 *Robert J. Suderman*, 캐나다 메노나이트 교회

요더의 글은 어렵다. 본질을 마주 대해야 하는 실천은 더 어렵다.

그럼에도, 요더를 읽는 사람들은 그만한 보상을 얻는다. **밭에 감추어진 보화를 캐내고, 자신이 가진 것과 맞바꿀 용기를 갖게 된다.** 땀을 흘리는 만큼 보상이 주어진다. **혁명적으로 복종해야 할 이유와 가치를 발견한다.** 하나님의 백성으로 삶의 질이 달라진다. 적어도 무엇을 실천해야 할지, 그리고 무엇을 하지 말아야 할지 갈피가 잡힌다. **무엇이 교회고 무엇이 교회가 아닌지 분명한 시각이 열린다.** 그래서 이전에 체험하지 못했던 귀한 보물, 값진 진주를 얻는 느낌이 들게 된다. 일시적인 감정적 은혜체험이 아닌, **평생 지속할 진리를 경험하게 된다.**

〈 옮긴이의 글에서 〉

만일 누군가가
요더를 피해갈 수 있다면,
그는 무심한 사람이다.
뻔뻔한 사람이거나…
대장간 편집부

존 하워드 요더 John Howard Yoder

1927. 12. 29~1997. 12. 30

Original published in English under the title ;
Body Politics : *five practices of the Christian community before the watching world*
/ John Howard Yoder
published by Herald Press, 616 Walnut Avenue, Scottdale PA 15683, USA
All rights reserved.

요더 총서 **3**

교회, 그 몸의 정치

지은이	존 하워드 요더 John H. Yoder
옮긴이	김복기
초판발행	2011년 12월 1일

펴낸이	배용하
책임편집	박민서
등록	제364-2008-000013호
펴낸곳	**도서출판 대장간** www.daejanggan.org 대전광역시 동구 삼성동 285-16 전화 (042) 673-7424 전송 (042) 623-1424
박은곳	경원인쇄

ISBN	978-89-7071-237-6

이 책은 저작권법에 의해 보호를 받는 출판물입니다.
기록된 형태의 허락 없이는 무단 전재와 복제를 금합니다.

 값 9,000원

교회, 그 몸의 정치

우리를 지켜보는 세상 앞에서
기독교 공동체가 해야 할 다섯 가지 실천사항

존 하워드 요더 지음

김 복 기 옮김

Body Politics

Five Practices
of the Christian Community
Before the Watching World

John Howard Yoder

차 례

김복기

교회를 교회답게 하라.

Let the church, be the church!

20세기 교회에 큰 영향을 끼친 그리스도인 사상가로서 존 하워드 요더를 이해하기는 쉽지 않다. 그가 타계한 1997년 당시, 요더는 한국 신학계에 거의 알려지지 않았었다. 일반적인 관점으로 받아들이기 녹록지 않은 그의 교회론과 기독교의 본질에 대한 혁명적 주장은 극소수의 사람들에게만 관심의 대상이 되었을 뿐이었다. 영어로 문리文理를 터득할 수 있고 성서적 교회론에 대해 관심 있는 소수의 사람들만이 조금씩 그를 연구했을 뿐이었다.

그러나 21세기로 접어들면서 한국 기독교 사회의 변화에 따라 기독교 윤리 및 철학적 요구, 제자도 및 평화신학에 대한 요구, 공동체의 회복과 필요성에 대한 요구가 늘어나면서 아나뱁티스트/메노나이트가 소개되기 시작하였고, 더불어 요더의 저서가 번역 출판되기 시작하였다.

기독교 윤리학자 · 교수 · 저술가로 활동했던 요더의 신학을 한두 권의 책으로 이해하는 것은 불가능하다. 그의 천재성과 신학적 주제의 방대함, 그리고 그리스도인 리더로서 살아온 인생의 궤적을 한두 마디 키워드로 표현한다는 것은 더더욱 불가능하다. 그럼에도, 요더를 이해하고 그가 나누었던 기독교의 본질을 배우고자 한다면 무조건 그의 책을 집어 들어야 한다.

『교회, 그 몸의 정치』, 이 한 권의 책은 우리가 궁금해하는 교회가 무엇인지? 이 세상에 존재하는 교회의 의미가 무엇인지? 공동체의 모습이 어떠해야 하는지? 모든 그리스도인이 주Lord로 고백하는 예수 그리스도께서 보여주신 하나님나라의 구체적인 모습이 무엇인지? 그리고 그 몸을 이루는 각각의 지체로서 구성원이 무엇을 실천해야 하는지? 에 대한 성서적 해답을 제시하고 있다. 그러기에 교회론에 관심이 있는 사람들은 물론이거니와 목회자, 청년지도자, 교사들이 반드시 읽어야 할 책이다.

요더는 평생 하나님나라의 주인이자 평화의 왕으로 오신 그리스도가 단순히 그리스도인들에게뿐만 아니라 온 세상의 주인이심을 선포하였다. 그래서 그는 예수 그리스도의 사역과 삶이 사회-정치-윤리적인 면에서 유일한 기준이 되어야 함을 제시하였다. 학자로서 그는 모든 독자를 그리스도의 법Christ's rule으로 초청한다. 이 초청에 응하기 위한 결정은 가히 혁명적이어야 했다. 그래서 요더의 하나님나라는 늘 이 세상의 정치적 이슈와 대립구도를 갖는다. 사회도 반문화적, 대안적 사회이다. 정치도 반드시 메시아의 선언이 제시하는 정의와 평화의 정치여야 하고, 윤리적 기준도 반드시 세상을 변화시키는 현실적인 윤리여야 했다.

그리고 이 모든 것은 항상 예수 그리스도와 교회를 통해 중심이 잡히고 실천되어야 했다.

그래서 이러한 메시지를 골격으로 하는 요더의 신학 중심에는 항상 규범normativity으로써의 예수 그리스도가 계시고, 그의 법을 실천하는 공동체로서의 교회가 자리한다. 그런 의미에서 그의 신학은 그리스도를 늘 다시 발견하도록 돕는다. 독자가 요더와 함께 산상수훈을 읽을 때면 산상수훈이 새롭게 태어난다. 그리스도의 윤리가 세상 속에 존재하는 수많은 윤리 중의 하나가 아니라 처음부터 지금까지 존재하는 유일한 윤리임을 깨닫게 된다. 또한, 그의 신학은 교회의 원형을 회복하도록 돕는다. 교회를 교회답게 하라는 그의 주장은 세상과 구별된 거룩하고 외로운 교회, 즉 반反 세상적인 교회로 존재하라는 말이 아니라, 늘 새롭게 창조되는 하나님의 참 세상이 되어야 한다는 말이다. 그러기에 그의 신학적 현장은 연구실과 책상이 아니라, 항상 그리스도를 규범으로 삼고 살아가는 제자들의 삶이다. 그런 의미에서 그의 신학은 이 땅에서 이루어지는 하나님나라를 요구하는 신학이다. 매일 반복되는 일상에서 하나님의 나라를 요구한다. 그리고 이러한 하나님나라의 실현은 항상 그리스도의 몸인 교회에서 먼저 드러나야 한다.

『교회, 그 몸의 정치』는 이러한 실천사항을 보여주는 최소한의 지침이다. 교회라면 꼭 점검해야 할 실천 사항에 관한 글이다. 이 책에서 그는 이러한 실천 사항을 다음과 같이 다섯 가지로 정리하였다.

(1) 교회의 매는 것과 푸는 것/용서와 화해
(2) 함께 빵을 떼는 제자들/성찬식
(3) 세례와 새로운 인류/세례
(4) 그리스도로 충만함/은사의 다양성
(5) 바울의 교훈/열린 회의

안타깝지만 요더는 초대교회가 보여주는 원형으로서의 이러한 실천 사항을 콘스탄틴 이후로 거의 다 잃어버렸다고 주장한다. 실제로 (1) 마태복음 18장에 기록되어 있는 교회의 매고 푸는 것으로써 용서와 화해는 교회에서 찾아보기 어렵다. 당사자들이 직접 만나서 화해를 시도하는 분별력의 과정은 아예 개인의 자존심과 감정의 예민함에 모든 자리를 양보하였다. (2) 고린도전서 11장에 나오는 일상적인 식탁의 나눔은 더는 이웃과 공유되지 않는다. 예배 중의 성찬식은 존재하지만, 어려운 교회의 형제, 자매를 일상의 식탁에 초청하여 함께 식사를 나누는 일은 흔히 목격되지 않는다. (3) 개인적인 구원의 고백으로써 세례식은 존재하지만, 새로운 인류는 존재하지 않는다. 찬송가 가사에서는 "주 예수 안에서 동서나 남북이 있으랴, 온 세계 모든 민족이 한 형제 아닌가?"라

며 한가족임을 고백하지만, 여전히 교회는 흑인, 백인, 유대인과 이방
인, 종과 자유자가 따로 존재한다. 부자는 부자로, 가난한 사람은 가난
한 사람으로 존재하는 사회적·문화적 장벽을 그대로 갖고 있다. (4) 고
린도전서 12장, 로마서 12장 등에 나타나는 은사의 다양성은 교회에서
편중되어 있거나 거의 목격되지 않는다. 교회가 클수록 대부분 사람은
구경꾼으로 남아 있고 소수의 재능 있는 사람들이나 자격을 갖춘 사람
들이 교회를 이끌어 간다. (5) 그리고 교회의 모든 구성원이 참여하는 가
운데 질서 있게 소통하는 교회는 거의 찾아보기 어렵다. 이러한 상황에
서 요더 읽기는 더더욱 녹록지 않다. 어려운 책을 읽기도 쉽지 않지만,
그리스도인의 본질을 마주 대하도록 하는 실천은 더 어렵기 때문이다.

그럼에도, 요더를 읽는 사람들은 그만한 보상을 얻는다. 밭에 감추어
진 보화를 캐내고, 자신이 가진 것과 맞바꿀 용기를 갖게 된다. 땀을 흘
리는 만큼 보상이 주어진다. 혁명적으로 복종해야 할 이유와 가치를 발
견한다. 하나님의 백성으로 삶의 질이 달라진다. 적어도 무엇을 실천해
야 할지, 그리고 무엇을 실천하지 말아야 할지 갈피가 잡힌다. 무엇이
교회고 무엇이 교회가 아닌지 분명한 시각이 열린다. 그래서 이전에 체
험하지 못했던 귀한 보물, 값진 진주를 얻는 느낌이 들게 된다. 일시적
인 감정적 은혜체험이 아닌, 평생 지속할 진리를 경험하게 된다.

교회는 이 땅 위에 존재하는 하나님나라다. 모두가 함께 사는 똑같은 이 땅, 이 밭에 감추어진 보화이다. 누구든 보물을 발견한 사람은 자신이 가진 값비싼 재물을 몽땅 팔아서 보물이 묻혀 있는 땅을 사들인다. 그래야, 정상이다. 비록 읽기 쉽지 않고, 수준을 높이기 어렵게 느껴지겠지만, 그만한 결과가 뒤따르게 될 것이다.

교회를 교회답게 하려거든 요더를 읽으라. 그리고 첫발을 떼는 몸짓으로 구체적인 실천 사항이 제시된 이 책 『교회, 그 몸의 정치』를 넘어서 보라. 탁월한 저서를 번역하기에 턱없이 부족한 번역을 내놓으면서도 한 가지 희망이 있다면, 교회가 교회다워졌으면 하는 희망이다. 그러기에 역자로서 교회를 교회답게 만들어 가고자 노력하는 자들의 손에 이 책이 쥐어지길 기도한다. 그래서 책을 집어든 손이 복을 얻고, 그 손에 의해 머리가 영광을 받고, 온몸이 건강해지는 복을 얻을 수 있길 기도한다. 그리고 그렇게 절름발이던 사람이, 그렇게 앞을 보지 못하던 사람이, 그렇게 배고팠던 사람이 하나님의 새로운 세상을 경험하며 새로운 인류로 태어나길 기도한다. 그렇게 건강한 하나님의 사람으로 회복되어 온전한 그리스도의 몸, 교회를 건강하게 하는 놀라운 일이 일어나기를 기도한다. 끝으로 이러한 메시아의 사역에 동참하기 위해 이 책을 출판한 대장간출판사와 배용하 대표에게 깊은 감사를 드린다.

Let the church, be the church!
교회를 교회답게 하자.

캐나다 런던에서 김 복 기

존 하워드 요더

이 책이 만들어지도록 주제들을 정해준 아래의 동역자들에게 특별히 감사를 표합니다.

- 제프리 웨인라이트Geoffrey Wainwright 교수님, 이렇게 전체적으로 강의의 윤곽이 발전하도록 도움을 준 사람들, 그리고 듀크 대학Duke University의 신학교에서 강의할 수 있도록 초청해준 분들에게 감사를 드립니다.
- 지역의 존경받는 목회자들을 위해 강의 및 행사를 개최할 수 있도록 허락해주고 이 자료를 잘 만들 수 있도록 격려를 아끼지 않은 연합 감리교 옐로스톤 지방회의 데이빗 맥코넬David McConnel과 중부 캔사스의 래리 하비Larry Harvey에게 깊은 감사를 드립니다.
- 독특한 루터교 전통이 깃들어 있는 홀든 마을Holden Village에서 우리 가족이 새로운 모습으로 살 수 있도록 배려해 주고, 똑같은 자료들을 반복해서 볼 수 있도록 기회를 허락해 준 잉그리드 크리스찬슨Ingrid Christiansen과 조디 크레쯔만Kretzmann에게 깊은 감사를 드립니다.

지나치기 쉬운 일반적인 주제들이지만 이 책에서 다루는 중요한 몇 가지를 발견하도록 도와준 '제자도 자료원' Discipleship Resources 편집장 크레익 갈라웨이Craig Gallaway에게도 감사를 드립니다.

한편 미시아나Michiana, 미시간과 인디아나를 함께 부르는 말-옮긴이주지역에 있는 나에게 연합 감리교에 대하여 배울 수 있도록 기회를 만들어 주고, 제자도 자료원의 편집자들에게 이 글을 추천하여 준, 연합 감리교 목사인 사라Sara와 에드 필립스Ed Phillips, 그리고 로렐Laurel과 어거스터스 조단Augustus Jordan에게도 깊은 감사를 드립니다. 특히 조단 목사님은 이 글의 본문을 보다 읽기 쉽게 만들어 주었습니다.

"중요한 주제들을 다루면서 사람들의 관심을 끄는 둥 마는 둥 표현을 어정쩡하게 하는 것은 '중요한' 질문들을 제기할 때 학문적으로 피해야 할 장애물"이라고 지적해준 스탠리 하우어워스Stanley Hauerwas와 마이클 카트라이트Michael Cartwright는 보다 신학적으로 사고하도록 큰 도움을 주었습니다.

이 글은 여러 신학대학원에서 단독 강의 자료로 읽힌 이래, 1991년 4월 「오늘의 신학」Theology Today이란 잡지에 실리면서 보다 간략하면서도 전문적인 모습을 띠게 되었습니다. 어떤 주제에 대하여는 조금 더 긴 설명을 통해, 어떤 주제에 대하여는 조금 다른 방식으로 표현함으로써 내용을 강조하였습니다. 다른 책들에 실린 몇몇 자료들에 대하여는 참고문헌을 준비하였지만, 꼭 필요한 것 외의 불필요한 문헌은 생략하였습니다.

1992년 오순절

인디아나 노트르담 대학에서

서 론

　　실질적인 연구를 진행하기에 앞서, 우선 왜 이 책이 복잡한 개념을 가진 **정치**Politics라는 용어를 제목으로 사용하였는지 설명하고, 이에 필요한 전체 참고 도서 시리즈의 윤곽에 대하여 간략하게나마 설명하는 것이 독자들에게 많은 도움이 될 것 같다.

　　교회가 '정치' 에 '관계' 해야만 하는지 아니면 '관계' 해서는 안 되는지 그 이유를 설명하는 것은 끝이 없는 논쟁처럼 보인다. 1989년 남아공화국의 아주 유명한 흑인 지도자인 넬슨 만델라Nelson Mandela가 교도소에서 풀려났다. 출소하자마자 그는 교황을 방문하여 자신의 나라인 남아프리카 공화국의 인종차별 정권에 대항할 경제 제재안을 지지해 달라고 요청하였다. 이에 요한 바오로 2세는 그 요구가 '정치적' political인 것이기 때문에 들어줄 수 없다고 말하였다. 그러므로 이 사건의 예로 살펴볼 때, '정치적' 이라는 것은 아무래도 로마 가톨릭교회의 수장이 개입해서는 안 될 그 무엇을 의미하고 있음을 알 수 있다. 그러나 요한 바오로 2세가 자신의 출신지인 폴란드의 대주교였을 때, 그는 모국의 사회적 중재가 필요한 사건들을 가만히 보고만 있지는 않았다.

　　역사적으로 서로 다른 전통을 지닌 교파와 교단 내에 존재하는 몇몇 그룹들은 자신들이 사용하는 그 '정치적' 이라는 용어가 무엇을 뜻하는지 검증하지도 않은 채, 무엇이 '정치적' 이고 무엇이 그렇지 않은지 자신들의 확고한 견해만 상대방에게 이야기해 왔다. 어떤 사람들은 일반 성도들이 정치에 대해 말하는 것은 괜찮지만, 기독교 단체나 교회, 아니 최소한 목사들이 '정치에 개입하는 것' involvement in politics만은 피해야 한다(그러므로 피하는 것이 가능하다)고 생각한다. 이들에게 정치는 정부들이 하는 그 무엇, 혹은 '정치인들' 만이 해야 하는 그 무엇이기에, '교회' 사람들은 꼭 피해야 한다. 한편, 어떤 사람들의 주장을 따르면 그러한 정치 회피는 가능하지 않을 뿐 아니라, 정당하지도 않은데 이는 정치가 기독교인의 삶의 모든 영역과 관련되어 있기에 그들의 삶에서 '정치적' 영역만을 따로 떼놓고 생각할 수 없기 때문이다. 미국과 캐나다의 기독교 배경을 가진 정치인 대부분은 정치야말로 기독교인들이 해야 할 좋은 일이라고 믿고 있다. 그러나 또 다른 논쟁거리가 생겨나는 데, 그것은 과연 교회와 정치라는 두 영역에 어떻게 동시에 회원이 되며, 이러한 것을 서로 어떻게 관련시켜야 하는지에 대한 문제이다. 미국의 대통령 후보로 출마했을 당시, 존 F. 케네디John F. Kennedy는 로마 가톨릭 Roman Catholic 신자라는 사실이 자신의 대통령직 수행과는 아무런 상관이 없을 것이라는 아주 끔찍한 발언을 했다.

그러므로 최근까지 나타난 정치적 문제에 관한 지배적 견해를 살펴볼 때, 우리가 '정치' 라고 부르는 영역과 '교회' 라고 부르는 영역 간에 상당한 질적 차이가 존재한다는 가정이 기본적인 전제로 되어 있다. 앞에 언급한 넬슨 만델라와 교황의 일화는 이러한 이해와 한계를 잘 묘사해 주는 예이다. ‘정치’와 ‘교회’를 분리해서 생각하는 방식은 특별히 소위 ‘예배’라고 부르는 교회의 가장 소중한 실행예식을 통해 이미 ‘교회’의 중요한 부분으로 들어와 있다. 다른 일반적인 말들처럼 우리가 사용하는 예배worship라는 용어는 그 자신만의 영역을 가진 특정한 활동을 의미한다. 실제로 ‘예배’라는 것이 본질적으로 일상생활 영역에 속하기보다는 다른 차원의 영역에 속해 있지 않은가? 스스로 물어보라.

많은 사람이 이야기하는바, ‘교회’와 ‘정치’ 혹은 ‘예배’와 일상적인 생활 사이의 간격을 연결하는 데는 많은 방법이 있으며, 모두 이 간격을 위한 어떤 연결고리가 절실히 필요하다는 것에 동의하고 있다. 그러나 어떤 것이 올바른 연결고리인지에 대하여는 의견이 분분하다. 소위 말하는 ‘자유진영’liberal의 관점에서 볼 때, 이 두 영역을 잇는 연결고리란 정의와 자유라든가, 인간으로서 우리가 어떻게 행동하고, 왜 그렇게 행동해야 하는지에 대한 사상들로써 인간의 본질과 세상에 관한 종합적인 통찰력insights을 제공하는 것이어야 한다. 그러므로 이들에게 예배란 이러한 통찰력들을 되풀이하여 가르치며 그들에게 헌신을 강화시켜주는 것으로 이해된다. 따라서 예배는 우리가 특별한 방식으로 만물의 이치를 이해하도록 돕는다. 말하자면, 세상에 대한 통찰로서의 예배관을 갖게 되면, 공공의 문제에 대해 적극적으로 관여하게 될 것이다. 예를 들어 예배를 통해 얻은 통찰력으로 하나님이 지구 생태계를 창조하신 목적이 무엇인지 생각해 볼 수 있도록 도와주거나, 이웃들의 가난을 우리의 책임으로 바라볼 수 있도록 도와줄 것이다. 이런 이해가 우리를 행동하도록 안내해 줄 것이다.

소위 말하는 '경건주의자' Pietist들의 관점에서 볼 때, 이러한 두 영역을 잇는 연결고리란 총체적인 '내면의 세계' 를 구축하는 것이다. 이를 가리켜 히브리사람들은 '창자 혹은 내장들' bowels이라고 표현하였고, 라틴 사람들은 '마음' heart이라고 표현했다. 이런 용어들은 남자든 여자든 사람의 본성을 구성하는 내면 깊은 곳의 어떤 것, 이를테면 '의지' 나 '동기' 같은 것을 가리키는 데 쓰였다는 특징이 있다. 이들이 말하고자 하는 예배의 개념은 사람이 느끼는 죄의식, 자아존중, 그리고 사랑의 수준이 사람의 기질을 변화시키고, 그러한 방식 안에서 변화된 사람이 이전과 아주 다르게 행동하게 되고, 세상도 변화시킬 수 있다는 것이다. 만약 별로 죄의식을 갖지 않는다면, 그 사람은 더 위험한 일들을 실행하게 될 것이다. 그러나 만약 의식적으로 하나님의 사랑에 대한 자각을 내면에 더 많이 채운다면, 궁핍한 사람들을 더 잘 돌볼 수 있게 되고, 그들을 섬기려는 내면의 동기도 더 많이 부여받을 것이다. 만약 안정적 삶에 대한 염려를 하나님께 맡길 수 있다면, 아마도 당신은 더욱더 자유롭고 관대한 사람이 될 것이다.

위의 두 견해에 따르면, 예배가 다루는 하나님의 말씀과 사역보다 소위 '정치' 곧 '현실세계'라는 영역은 근본적으로 이차적 존재로 여겨진다. '영적' 의미에 있어서 '비정치적' 영역은 이미 존재하는 '중요한' 것이다.

그러나 동시에 '정치' 영역에서 다루는 가치들은 '자치적'이라 할 수 있다. 윤리의식을 갖춘 정치적 식견은 그 자체로 독립적인 하나의 법이다. 자연, 이성, 법 등이 바로 이런 가치들이다. 이런 가치들은 계시나 예배를 통해서가 아니라 다른 방식으로 우리에게 알려졌다고 여겨지기에 자치적이라 할 수 있다.1) 자연, 이성, 법과 같은 가치들은 우리의 모든 이웃이 함께 공유하는 것으로 독립적인 개념들이다. 통상적으로 이런 개념의 정의는, 비록 사람들이 자연 혹은 '자연의 하나님'이 희미하게나마 이런 개념을 뒷받침한다고 믿을지 몰라도, 신앙이나 예수님에 기초해 정의를 내릴 성격으로 보이지는 않는다. 어쨌든 사람들은 '예배'가 이런 개념들에 대해 더 많은 것을 말해 줄 것으로 기대하지 않는다.

이런 가치들은 본질 그 자체로써 홀로 존재할 수 있으며, 사람들에게 독자적인 행동을 요구할 수 있기 때문에 자치적이라고 여겨진다. 이런 가치들이 사람들에게 요구하는 의무는 예수님이 요구하시는 행동과 다르다. 예를 들어, 은행가의 임무는 예금 업무나 이자를 받고 대부업을 하는 것이지, 돈을 거저 준다거나 이자 없이 빌려주는 것은 아니다. 전투 중인 군인에게 원수를 사랑하라는 것은 전제되지 않는다.

정치적인 영역에서 우리가 따라야만 하는 이러한 법칙 중, 이 ‘자치성’ autonomy을 설명하기 위해 가장 폭넓게 제시되는 방법의 하나가 바로 ‘창조의 교리’ the doctrine of creation이다. 이 교리에 따르면, 어떤 사람들은 하나님께서 창조하신 세상의 모습을 있는 그대로 바라봄으로써 우리가 하나님의 뜻이 무엇인지 알 수 있다고 이야기한다. 우리는 가족, 학교, 공장, 시장, 국가 등도 이러한 모습으로 바라보고 있다. 이러한 사회 조직의 모습은 각각의 위치들 안에 있는 개인의 의무들을 규정하고 있다.2) 여기에서 ‘개인의 부르심’ calling 혹은 ‘소명’ vocation은 적합한 ‘위치’ station나 ‘역할’ role 그리고 적절하게 행동하는 데 모습이어야만 할 것이다.

우리는 조직신학의 영역 안에서 던지는 질문으로써 자치성에 대한 개념을 추상적으로나마 간략하게 살펴보았다. 그러나 이제 이 책에서 우리는 더욱더 큰 질문을 던짐으로써 더 깊은 의미를 살펴보고자 한다. 그러려면 창조라든가 소명과 같은 일반적인 개념들로 돌아가기보다는, 신약성서가 말하는 것을 근거로 하여, 과연 우리의 믿음이 요구하는 특별한 행동이 무엇인지에 대하여 질문하고자 한다.

정치와 교회의 분리나 자치성은 이 책이 다루고자 하는 질문이 아니다. 그럼에도, 서문에서 그 의미를 설명하는 이유는 이렇게 설명함으로써 그나마 독자들이 그 차이를 인식하게 될 것이기 때문이다. 만약 내가 처음부터 이 주제에 대해 질문하고 토론을 이끌어 가달라는 요청을 받았다면, 우선 신학적인 기반을 토대로 그것이 얼마나 부적절하게 배치되어 있는지 논쟁해나갔을 것이다. 만약 여러분이 잘못된 질문을 던진다면, 어쩌면 올바른 답을 얻을 수 없을지도 모른다.

그러나 여기에서 나는 정치에 **개입한다**involve라든지, **정치적**political, **창조**, 혹은 **이성**reason 등과 같은 다양한 용어의 정의를 논함으로써 그 뜻을 분석하는 특별한 노력은 기울이지 않을 것이다.

그렇게 하기보다는 나는 이 연구를 시작하는 처음 순간부터 몸으로서의 교회를 주제로 다룰 것이다. 아주 중요한 가치들에 헌신함으로써 공동체를 이루어가는 그 어떤 공동체와 마찬가지로, 기독교 공동체 역시 하나의 정치적인 실재이다. 곧 교회는 하나의 **폴리스**polis-**정치적**political 이라는 형용사가 바로 이 그리스어에서 파생되었다 - 곧 하나의 구축된 사회적 조직체로서의 성격을 가진다. 교회는 회원을 규정하는 것과 공동의 임무를 수행하는 것에 의해 의사를 결정해 나간다. 이러한 의사결정방식이 기독교 공동체를 하나의 정치적인 실재entity가 되도록 한다.

이 연구는 독립적으로 존재하는 여러 방식이 결국 하나로 수렴될 가능성을 추구하는 가운데, 두 '영역'realms이라고 불리는 제3의 방식을 제시할 것이다. 우리는 연역적으로 이 탐구를 진행하면서 어떤 곳에 이르는 색 다른 유형을 보게 될 것이다.

아주 공식적으로 표현하자면, 우리가 발견하게 될 이 유형이란 전체로써 인간의 사회성을 위한 하나님의 뜻이 그리스도의 몸을 형성함으로써 예시되었다는 것이다. 그러므로 교회와 세상은 분리된 법체계로서 혹은 서로 상반되는 임무를 수행하는 두 개의 제도 아래에 두 개로 구획된 것이 아니라, 같은 주되심에 의해 적절하게 놓인 두 개의 표준이다. 그러기에 하나님의 사람들은 현재 세상이 궁극적으로 도달해야 할 모습이 되도록 부름 받은 존재들이다.

그러므로 우선 우리는 가능한 의도적이며 단순한 방식으로3) 어떻게 기독교 공동체 자신4)이 정치적 실재인지 살펴볼 것이다. 하나님의 섬김에 대하여 신실해야 하는 교회의 부르심은 정치적인 용어로 정의될 수 있다. 그렇다면, 더욱 넓은 사회(교육, 경제, 사회 질서 등)의 구조적인 과정 속에서 발생하는 여러 관련 이슈들과 한쪽에서 다른 쪽으로 떨어져 나감으로써 생기는 문제도 단순한 양극성의 형태를 보이지 않는다는 사실이 더욱 분명해질 것이다.

그러므로 이 책의 제목, 『교회, 그 몸의 정치』*Body Politics*이 첫 번째로 의미하는 바는, 바울이 제시했던 그리스도의 몸이 사회적 유기체로서 기능을 하는 하나의 **폴리스**polis, 5) 로서 우리가 어떻게 그러한 관계들을 이루어 나갈 것인가 하는 질문과 함께, 우리로 하여금 평범한 인간의 언어로 교회의 삶을 다루도록 책임과 의무를 요구하는 것이다. 정치적이 된다는 것은 의사를 결정한다는 것, 역할들을 부여한다는 것, 그리고 권력을 나눈다는 것을 의미한다. 따라서 기독교 공동체가 이러한 기능들을 수행하지 않으면 하나의 몸으로써 자신의 일들을 함께할 수 없을 것이다.

물론 『교회, 그 몸의 정치』라는 책 제목이 나타내주는 구phrase는 의미상 그 표현이 부분적으로 중복되어 있다. **조직이 없는 정치**라든가 **정치에 관심이 없는 조직**들은 있을 수 없다. 그러나 각 단어는 그 단어만으로 표현할 수 없는 뉘앙스를 갖고 있다. '정치'는 우리가 다루는 권력, 서열, 그리고 값비싼 선택과 더러운 손, 기억과 감정의 문제들을 눈 하나 깜짝하지 않고 인식하고 있다. 교회와 국가의 차이 혹은 신실함과 신실하지 못한 교회의 차이는 하나가 정치적이고 또 다른 하나가 정치적이지 않아서가 아니라, 그들이 정치에 있어 서로 다른 방식을 취하고 있기 때문일 뿐이다.

'몸' Body은 인간 공동체를 위한 고대인들이 갖고 있었던 이미지를 나타낸다. 내가 이 용어를 수식어로 사용할 때, 그 '몸'을 통해 말하고자 하는 바는 각 지체가 서로 필요로 하고 서로 위해 봉사하고 있음과 전체는 각 부분의 총합 그 이상이며, 모든 지체의 상호의존성이 무질서하거나 제한 없이 타협 가능한 것이 아닌, 이미 주어진 계획에 따라 유연하게 성장할 수 있는 모습으로 조직되어 있음을 분명하게 표현하기 위해서이다.

책의 부제목이 지적하는 바와 같이, 이 연구는 기독교 교회가 하나의 유기체인 폴리스polis로서 운영되도록 주어진 부름에 부응하기 위해 실천해야 할 간단한 다섯 가지 사례에 초점을 맞출 것이다. 아마도 교회의 실천사항에는 다른 것들이 더 있을 수 있겠지만, 이 다섯 가지 사례들만으로도 그 실천 예식의 유형을 충분히 드러내 줄 것이다. 각 사례에서 우리가 다루고자 하는 모델은 신약성서가 기록하는 것으로써 초대 교회가 실천한 사항들practices이 될 것이다.

우리가 살펴볼 초대 기독교 의식들은 그렇게 참신한 것도 아니고 복잡한 것도 아니다. 그러나 내가 관심을 집중하고 싶은 것은 비록 상당히 독립적임에도 이러한 지식이 모두 서로 연결되어 그 주제들이 같은 방식으로 자리하고 있다는 것이다. 우리가 살펴보게 될 대략 다섯 개의 주제 중, 각 요소는 하나님의 통치 아래 초기 기독교인들이 실행했던 것임과 동시에 더욱 넓은 사회의 일상생활에 본보기를 제공했던 기독교적 사회의식이었다. 또한, 각 주제는 우리가 전통적으로 이해하는 교회의 성례전sacrament, 곧 '실제 세상' the real world을 위해 혹은 실제 세상 속에서 일어나는 현상으로써 신자들이 자신의 신앙이해에 대한 질문해 보도록 요구하고 있다.

우리가 다루고자 하는 문제는 에큐메니컬ecumenical로, 단지 교파 내의 기관 및 그룹들 가운데서 일어나는 대화를 준비하기 위한 차원이나, 혹은 서로 상충하는 신앙 고백들을 해결하기 위해 근본적인 문서들을 비교하거나 대조하는 차원이 아닌, 모든 교파와 교단 내의 모든 기독교인에게 필요 적절한 내용이 되어야 하는 아주 간략한 것이다. 그것은 웨슬리 형제의 초기 '감리교'와 1950년대의 감리교 캠퍼스 목회Methodist Campus Ministries가 운영했던 셀 운동, 그리고 오늘날 연합 감리교United Methodism 운동 내에 이는 제자도 언약 운동the Covenant Discipleship과 거의 맥락을 같이하는 성질의 것이기도 하다. 이 책에서 나는 신약성서의 사례뿐만이 아니라, 16세기 개신교 개혁 운동의 사례를 제공하면서 설

명을 하고자 한다. 개혁 운동은 로마 가톨릭의 경우들과 그와 비슷한 사
례들이 함께 설명될 수도 있고, 그 어느 교단에 속하지 않은 것들이 될
수도 있지만, 사례들을 통해 모든 것을 보고하려는 노력은 하지 않을 것
이다.

서문에서 마지막으로 설명하고 싶은 것은 처음 신약성서가 의미했던
바처럼 이 책의 연구들이 성서의 원래 본문들이 의미하는 바를 전달했
으면 하는 것이다. 예수의 말씀, 사도행전의 이야기들, 그리고 사도들의
교훈이 성서 본문을 통해 그들이 말하고 싶었던 원래의 의미로 살아나
우리에게까지 똑바로 전해지고 드러났으면 하는 것이다. 이러한 고대의
본문들은 아마도 교회의 처음 몇십 년 동안 진행되어온 구전이나 말씀
이 글로 채록되는 과정에서 변화를 겪었을 것이지만, 이것이 어떤 깨달
음을 무시하는 '근본주의자' fundamentalist로써 오해되거나, 최근의 학자
들에 의해서 나타나는 현상인 과장된 모습으로 드러나지 않았으면 좋겠
다. 더욱 충분한 연구가 적절하게 수행되어 정경화 된 본문 자체에 존재
하는 다양성을 제대로 다루면 좋겠고, 더욱더 다양했던 초대 교회들의
특성화된 모든 것을 폭넓게 다루면 더욱 좋겠다.6) 마치 그들이 유효했
던 것처럼 이러한 성서 본문들이 **우리의 목적들을 위한** 것이라는 사실
은 어떻게 그 전통들이 우리에게 전해져 왔으며, 혹은 어떻게 그 본문들
이 기록된 대로 현재에 의미가 있는지, 혹은 동시에 다른 기독교인들이

생각하고 행동한 것에 무엇이 있는지에 대한 질문을 던졌던 학자들을 경시하는 어떤 유치함을 의미하는 것이 아니기 때문이다. 그러나 이러한 문제들에 대해 잘못된 학자적 관점은 초기 기독교인들의 의식에 대한 우리의 이해에 어떤 진지한 변화나 차이를 쉽게 가져다주지 못할 것이다. 좀 더 강하게 표현을 하자면 자신들의 상황 속에서 고대 문서의 본문들을 읽거나, 그들의 존재와 모든 기독교인이 생각하는 것은 똑같은 것이라는 가정으로부터 해방된 현대의 학자들만이, 지금 하는 연구의 핵심을 가능한 한 정직하게 읽을 수 있을 것이다. 다양성과 변화에 대한 자각만이 우리에게 주어진 생각의 경로가 어디에서 시작되었는지 그리고 그것의 핵심에 있는 복음이 무엇이었는지 질문할 수 있게 만들 것이다.

---

1) 우리는 미국의 독립 선언문에 깃들어 있는 이러한 고전적인 설명들로 돌아가야 할 것이다: "우리에게는 자신을 스스로 증명하는 진리가 있다."

2) 우리는 4장에서 이 주제를 살펴보게 될 것이다.

3) 나에게는 그다지 독창적이지 못한 것이지만, 각 장은 성서적, 역사적, 사회과학적 지혜들로부터 추출된 내용이다. 연구를 더 하기 원하는 사람들을 위해 참고문헌들이 제시될 것이다.

4) 이제부터 내가 교회(church)라는 용어를 사용할 때는 성서가 보여주는 바와 같이

“중요한 가치들에 헌신함으로써 함께 하나가 된 공동체”를 의미하게 될 것이다. 그러나 우리는 이 용어가 그렇게 인식되기까지 많은 세월이 걸릴 것이라는 것을 인정해야 할 것이다. 교회는 어떤 성직이나 혹은 관료주의적인 운영 조직 또는 교단을 위해 존재하는 것이 아니다. 물론 건물을 강조하는 것도 아니다. 교회는 그들이 함께 공유하는 믿음이라는 토대 위에 서로서로 관계를 맺은 사람에 강조점이 있다.

5) 정치적(political)이라는 형용사를 파생시킨 그리스 단어 polis는 종종 ‘시(市)’로 번역이 되곤 한다. 그러나 폴리스가 의미하는 바는 단지 지도 상의 거리, 집, 공간 또는 사람들을 의미하는 것이 아니다. 다시 말해 폴리스가 의미하는 바는 사람들이 함께 살고, 함께 의사를 결정해나가는 질서의 방식을 의미하며, 그들이 공동의 생활을 구축해나가는 방식을 의미한다.

6) 4장에서 우리의 관심과는 달리 사도 바울이 모든 교회에 대하여 이야기하지 않았다는 것을 특별하게 언급하려고 한다. 같은 내용이지만 어떤 것들은 성서를 읽을 때마다 언급해야만 하는 것들이 있다. 신약성서의 어떤 부분도–대부분 역사서로 읽히는 사도행전까지도–초대교회가 그랬던 것처럼 단순하게 설명하고 있지 않다.

1장 교회의 매는 것과 푸는 것

우리가 지금부터 살펴보게 되겠지만, 초기 기독교인이 시행했던 첫 번째 실천 사항을 알아보는 가장 간단한 방법은 소위 **매는 것과 푸는 것**이라고 하는 예수 자신의 말씀을 이용하는 것이다.

> 만일 네 형제나 자매가 네게 죄를 짓거든,[1]
> 가서 단둘이 있을 때에
> 그 사람을 훈계하여라.
> 만일 그 형제나 자매가 네 말을 들으면,
> 네 형제나 자매를 얻은 것이다.
> 마태복음 18장 15절, [2]

이 성서구절은 마태복음의 중심 구절로, 제자들이 이 특별한 실천사항을 지키고자 할 때, 이런 간단한 지침을 따라 한다면, 그들의 행동이 곧 하나님의 행동이 될 것이라는 사실을 예수께서 제자들에게 가르쳐주신 내용이다. 예수께서는 '너희가 이 세상에서 묶은 것은 하늘에서도 묶여 있을 것이다' 라고 말씀하셨다. 마18:18

말하자면, 예수는 어떻게 이를 수행해야 할지 구체적 사례를 제시하심으로써, 인간의 특정한 행동에 권위를 부여해 주신 것이다. 하나님은 이런 인간의 특정 활동 '속에서' in, '그로 말미암아' with, 그 활동 '아래서' under, 3) 인간과 함께 활동하신다. 하나님과 인간의 활동이 이런 방식으로 동시에 일어날 때, 어떤 교단에서는 이를 성례전이라고 부른다. 침례교4)와 그리스도의 교회는 미신적이라는 오해를 피하고자 이를 의식 ordinance이라 부른다.

요한복음 20장 23절-"만약 너희가 누구든지 용서하지 않으면 그 죄는 사함을 받지 못할 것이다"-과 병행구절로 강조되고 있는 마태복음 18장의 문맥은 이 절차의 목적 또는 결과가 죄지은 사람을 용서하는 것, '죄를 사해주는 것,' 화해, 형제 또는 자매를 '얻는 것' 과 죄를 범한 사람을 다시 공동체로 돌아오게 하는 것임을 분명히 밝혔다. 이것이 바로 형제와 자매에게로 찾아가 대화해 그 사람을 '얻는' wins 것을 의미한다. 5)

그러나 예수께서 랍비들이 하나의 짝으로 사용하는 '매는 것과 푸는 것' 이라는 용어를 선택했다는 사실은 그것이 연관된 것보다도 더 깊은 무언가가 있음을 암시한다. 랍비들의 용법상 '매는 것' 은 윤리적 판단이 필요한 질문에 답할 때 사용하는 말이었다. 아울러 오늘날 우리가 사용하는 "의무를 지우다"obligate는 단어의 어근에 여전히 그 뜻이 남아있다. '푸는 것' loose은 의무로부터 자유하게 하는 것으로, 산상수훈의 시작부분에서 예수는 누구든지 계명 중에 작은 것 하나라도 '버리는' loose 사람은 '천국에서 가장 작은 사람' 이 될 것이라고 경고하였다. 그러므로 예수께서 명하신 이 행위에는 윤리적 판단과 화해라는 두 가지 차원이 있음을 알 수 있다.

그러나 예수께서는 윤리적 판단과 화해가 대화 속에서 동시에 일어나도록 함은 물론, 이런 행위가 전통적으로 정당한 절차로 인정받을 수 있도록 또 다른 요소를 첨가하셨다. 모세의 율법에 따르면,민35:30; 신 17:6, 19:15, 요8:17 어떤 심각한 사법적 심의가 법적으로 효력을 얻으려면 "두 명의 증인"이 있어야 했다. 예수는 도덕적 판단과 화해의 과정에 참여하는 사람들이 그분의 이름으로 모여서 이 두 가지의 조화를 이루어 나가야만, 이 절차를 잘 수행할 수 있다고 말씀하셨다. (이 화합이란 동사 symponein는 심포니symphony라는 명사에 그 뜻이 잘 드러나 있다). 다른 말로 표현하자면 이러한 회중적 절차는, 하나님께서 구약의 이스라엘 백성이 도덕적, 법적 문제를 처리할 때 승인하셨던 방법과 대조되는 것이다.

예수께서 마태복음에서 제자들에게 매고 푸는 권위를 부여하시기 전에 이와 똑같은 개념이 마태복음 16장 19절에 먼저 나온다. 이 본문들이 예수께서 오늘날 '교회' 로 번역하는 에클레시아ecclesia라는 단어를 사용했던 유일한 곳이다. 에클레시아라는 단어의 원래 의미는 아주 정치성이 농후한 단어이다. 왜냐하면, 이 단어가 문자적으로는 '소집된 모임', 혹은 의회라는 말로, 이를테면 경제인들의 지역 회의처럼 그쪽 사회 전체를 대변하려고 참석하는 모임을 의미하기 때문이다.

예수는 자신이 제시한 이 대화의 과정을 놀라우리만큼 상세히 묘사하고 있다. 교회 공동체는 죄 범한 사람이 더는 회복될 가능성이 없다고 판단하기 이전에 반드시, 화해를 위한 이 세 가지 노력을 기울여야 한다. 이 절차를 단순히 목회적 돌봄으로 이해해 버리면, 공동체적 훈련으로 이해하는 것과는 상당한 차이가 발생하게 됨을 알 수 있다.

a. 이 과정은 개인이 주도해야 하지, 목사의 역할로 생각해선 안 된다. 죄 범한 사람을 찾아가 대화할 사람은 목회자가 아니라, 그 사건을 잘 아는 사람이어야 한다.
b. 이 절차의 의도는 관계의 회복이지 처벌이 아니다.
c. 어떤 죄는 중하고, 어떤 죄는 경하다는 차이는 존재하지 않는다: 어떤 범죄든지 용서할 수 있지만, 사소한 범죄란 있을 수 없다.
d. 이 절차의 의도는 교회의 위신과 평판을 보호하거나 구경꾼들에게 죄의 심각성을 가르치려는 것이 아니라, 죄 범한 사람을 공동체로 돌아오게 함으로써, 그 사람을 다시 회복시키는 것이다.

일단 결론이 도출되면, 그 효력은 인간적인 결정 이상의 것이 된다. "너희가 땅에서 매면 하늘에서도 매일 것이다." 공동체의 행동이 하나님의 행동이 되는 것이다. 이 말은 우리 자유교회에서 자주 나타나는 반보편적 경향성을 바로 잡아준다. 우리에게는 한 사람이 하나님의 이름으

로 다른 사람을 용서할 수 있다는 것을 부정하는 경향이 있다. 자유교회
는 복음의 말씀을 듣는 사람은 누구나 내면의 정신작용으로 그 말씀을
자신의 것으로 삼을 수 있다고 믿는다. 또한, 이를 통해 자신이 자신을
스스로 용서할 수 있다고 전제하며 심하면 이 같은 사실을 단정 짓는다.
이는 죄 용서의 권위는 사제들만이 독점한다는 생각을 부정했다는 면에
서 옳으나, 반만 맞는 것이다. 그러나 사람과 사람이 대면하는 일 없이
도 죄지은 자가 저절로 화해된다거나 스스로 자기 자신을 용서할 수 있
다는 약속의 말씀은 어디에도 없다. 화해는 쌍방 간에 존재하는 것이다:
그들 중 한 사람이 홀로 화해를 이룰 수는 없다.

병행 구절인 요한복음 20장 말씀은 이러한 권위에 대해 더 강하게 설
명하고 있다: "아버지께서 나를 보내신 것 같이 나도 너희를 보내노라."
21절 예수께서는 제자들에게 직접 숨을 불어넣으시는 시늉을 하시면서
'거룩한 숨' 성령을 받으라고 말씀하셨다. 아버지께 보내심을 받았다고
하는 예수의 주장은 당시 지도자들의 편에서 보면 이미 범죄 행위였다.
그런데 이제는 자신이 제자들을 "보낸다"라고 하고 있다. 예수가 사람들
의 죄를 용서했다는 것은 훨씬 더 심각한 범죄였다. 그런데 심지어, 이
죄 용서의 권한과 역할이 제자들에게 전수되었다는 것이다. "만약 너희
가 누구의 죄든지 사하면 사하여질 것이요 누구의 죄든지 그대로 두면
그대로 있으리라."23절

마태복음의 일부 번역본들은 "만약 너의 형제나 자매가 **너를 상대로**
against you 죄를 범하면"이라고 표현하고 있다. '너를 상대로' 라는 그리
스어로 다섯 자밖에 되지 않는 이 두 단어로 말미암아 화해의 과정이 개

인적 범죄의 경우에만 국한되는 것처럼 해석될 여지가 있다. 이것은 우리의 관심을 가해자의 회복과 피해자의 감정에 대한 염려에서 다른 곳으로 잘못 이끌어가는 것이다. 이 다섯 글자는 마태복음의 가장 오래된 사본에 나타나지도 않고, 병행구절인 누가복음 17장 3절에도 나타나지 않는다. 만약에 내가 상대에게 죄를 범한 쪽이 아니라면, 중재할 책임이 나에게 있다고 생각하기란 쉽지 않다. 그보다는 용서해 주고 공평하게 대하기는 쉬울 것이다. 그러나 죄를 범한 사람은 아직 범죄의 사실을 아무도 모른다 해도 화해를 이루어야 할 책임을 면할 수는 없다.

'우리가 우리에게 죄지은 자를 사하여 준 것 같이 우리의 죄를 사하여 주옵시고' 라는 기도는 조건부가 달린 주기도의 유일한 간구이며 예수께서 보충 설명을 하신 유일한 부분마6:14,15이기도 하다. 우리가 다른 사람들을 용서하는 것과 하나님께서 우리를 용서하는 것 사이에는 밀접한 상관이 있으며 이런 연결 관계를 나타내는 같은 말씀들이 신약성서의 다른 곳에서 다시 등장한다.

> … 서로 용서하기를 하나님이 그리스도 안에서 너희를 용서하심과 같이 하라.에베소서 4장 32절

> … 누가 뉘게 혐의가 있거든 서로 용납하여 피차 용서하되 주께서 너희를 용서하신 것 같이 너희도 그리하고 골로새서 3장 13절

바울은 이러한 용서의 과정을 '그리스도의 법' the law of Christ이라고 설명하고 있다. 바울은 자신의 편지를 읽는 '영적인' spiritual 사람들에게

자신의 연약함을 각성하는 가운데 '온유한 심령으로' 죄에 빠진 사람을 바로잡아주라고 호소하고 있다.갈6:1 고린도에 있는 신자들에게는 세상의 법정에 형제를 소송하지 말라고 촉구하였는데,고전6:1-8 바울이 그렇게 권고한 이유는 그들 중에 분명히 지혜로운 중재자가 있기 때문이었다. 이것은 용서를 위해 같은 원리를 적용한 것이다. 야고보의 편지 또한 성도들에게 같은 절차를 통해 죄인을 그릇된 길에서 돌아오게 하는 또 다른 소명이 성도들에게 있음을 상기시키며 끝을 맺고 있다.약5:19,20

경험상, 이러한 절차 중 누군가 심각한 학대를 받는 상황이라면, 우선 이를 보호해 주어야 한다. 이미 언급하였듯이, 이러한 절차의 의도가(관계의) 회복이지 처벌이 아니기 때문이다. 이 절차의 의도가 공동체의 위신과 평판을 보호하거나, 젊은이들에게 죄의 심각성을 가르치려는 것이 아니기 때문이다. 또한, 이러한 절차가 회중을 이끄는 리더들의 권위를 확실하게 하기 위함도 아니다. 사실 이것은 목회적 특권이 결코 아니다. 어떤 사람들이 생각하듯이, 이것은 더욱 엄격하게 다루어야만 하는 큰 죄들에 대해 사용해야 하는 절차이지 가벼운 죄들에 사용할 절차는 아니라고 여긴다. 반대로 어떤 사람들이 주장하듯이, 이것은 사랑이라는 이름 아래 쉽게 잊게 되는 수많은 작은 죄들이 아니라, 아주 공적인 중죄에 한해서만 사용되어야 한다.

아마도 이러한 잘못 중에 가장 파괴적인 것은 공동체의 자발성이 사라져가는 데서 오는 피해일 것이다. 곧 살펴볼 것이지만, 1세기와 부흥운동이 한창 일어났던 시기에는, 공동체의 기준과 규율을 자발적으로 실천하고자 했던 구성원들의 침례세례 및 믿음의 확신이라는 개인적 헌신을 통해 이러한 규율의 실행이 아주 자연스럽게 이루어졌다. 화해를 추구할 수 있었던 이유는 서로 신뢰하고, 사랑의 인도 아래 자신을 내려놓았기 때문이다. 자발적이지 않은 공동체에서 이러한 규율의 실행은 전혀 다른 의미로 다가올 것이다. 이것이 우리의 문화 속에서 '청교도' Puritan라는 단어가 그리 좋은 의미를 가져다주지 못하는 이유이다.

이렇게 일그러진 모습이 역사 속에서 발생하였고, 이러한 절차를 위해 '규율'이라는 이름을 사용하는 경향을 보이게 되었다. 이렇게 일그러진 모습은 화해의 대화라는 근본적인 기능을 교회의 자기 이해라는 중심으로부터 멀어지게 하였다. 일단 화해의 기능을 잃어버리자, 그리고 화해라는 이미지가 권위적인 처벌로 굳어지자, 현대적인 개선책으로 자기수용이라는 개인주의가 공동체를 대신하여 나타나게 되었다. 이것은 나도 괜찮고, 너도 괜찮다면 모든 것이 괜찮은 것이라 여기는 개인주의적 성향으로 나타났다.

비록 그러한 일이 있기는 하지만, 개인을 돌보기 위한 목회의 수단으로 화해와 용서의 과정을 밟는다는 것은 거의 일어나지 않는다. 만약 필요하다면, 과정을 밟는 동시에 공동체의 기준들이 명쾌하게 설명되거나 수정되는 모습이 되어야 한다. 모세의 비전에서 볼 수 있는 모든 지역에 '문 앞의 장로들'은 후에 랍비들이 역할을 담당하는 모습으로 조직화하였다. 랍비는 제사장이나 설교가의 역할보다는 공동체의 윤리적 기능을 담당하는 청지기 역할을 담당하였다. 매고 푸는 것에 대한 랍비들의 발전적인 처리과정은 '할라카' halakah라고 하는 윤리적 원칙들과 관례를 창조하게 되었다. 이러한 원칙들과 관례의 정확한 의미들은 당대의 적용을 통해 끊임없이 손질되고 최적화되었다.

윤리적인 식별과 용서는 아주 복잡한 방식으로 상호작용을 하며 역할을 해왔다. 무엇인가를 식별하기에 앞서 훈계가 주어져야 했다. 그렇지 않으면 훈계의 범주가 쌍방에게 공유되지 못한다. 화해를 목적으로 하는 대화는 공동체가 가진 가장 강력한 능력이며 그들이 적용하고자 하는 규칙들이 언제 부적절한지 발견할 때 규칙들을 수정해 나간다. 정말로 죄를 범한 일이 있었는지 묻는 것 자체가 대화와 용서를 위해 만장일치를 얻을 필요가 있는지 아니면 서로 다른 것을 인정하는 것이 필요한지 결정하는 데 큰 도움이 된다. 함께 용서를 경험하는 것은 공동체로 하여금 접근하기 어려웠던 상호신뢰로 나아가도록 도와준다.

당면한 문제를 다루기 전에, 용서를 시행하는 데 필요한 주요 구성요소들이 무엇인지 요약해보자. 구성요소 중 어떤 것들은 우리가 사는 세상에서 통용되는 방법과는 차이가 있을 것이다:

1. 믿는 사람은 하나님의 이름으로 행동하도록 권한이 위임되어 있다.
2. 믿는 사람들이 행하는 것은 인간의 행동을 통해 하나님께서 일하시는 것이다.[6)]
3. 보통 하나님께서는 사람의 행동 없이 화해의 일을 행하지 않는다.
4. 만약 우리가 용서를 받았다면, 용서를 해야만 한다.
5. 가장 우선시 되어야 하는 것은 대화를 통한 화해의 과정이다. 이때 반드시 해야 할 일은 이런 과정을 시행하는 데 필요한 일련의 기준들에 대해 함께 이야기하는 것이다. 윤리적인 문제들에 대한 기독

교 논쟁은 어떻게 식별하고 그 결과를 적용해야 하는지에 관한 것이라기보다 그 기준들이 무엇인지에 모든 것을 집중하는 실수를 범한다.

이러한 사도적 증언을 진지하게 받아들이는 것은 허울 좋은 교회론적 자비로 우리를 몰아넣는 것처럼 보일 수 있다. 그러나 그것은 로마가 준 것보다 더 많은 권위를 교회에 부여하고, 오순절이 가져다준 것보다 더 강하게 성령을 신뢰하도록 하며, 진보적인 박애주의보다 한 개인을 더 존중하도록 하며, 청교도가 보여주었던 것보다 더 윤리적이고, 몇십 년 전에 있었던 '새로운 윤리'라 부르던 것들보다 새로운 상황에 대해 훨씬 더 개방적이게 해준다. 만약에 이러한 것이 실행된다면, 그것은 교회의 모습을 근본적으로 다시 만들어 나갈 것이다. 그러므로 기독교의 신실함을 다시 발견한다는 것은 우리 시대의 '중도' 혹은 '온건' 주의자들이 피하고자 하는 모습이 될 것이다.

교회의 윤리적 결속력 회복을 염려하는 사람들은 종종 매는 것과 푸는 것이 얼마나 중요한지 그 핵심을 아는 사람들이다. 16세기 개혁가들(마틴 루터Martin Luther, 캘빈의 선생 마틴 부처Martin Bucer, 7), 그리고 후에 '아나뱁티스트' Anabaptists, 8)라고 불린 사람들)은 이러한 과정을 **리겔 크리스티**Regel Christi , 곧 '그리스도의 법'이라고 불렀다. 그들은 이러한 과정을 통해서 종교개혁을 대학 강의실과 학자의 연구실에 머무르게 할 것이 아니라 교회 및 가족의 일상으로 옮겨 가야 할 것으로 보았다.

1524년 9월, 개혁의 움직임이 너무 늦게 진행되는 것에 만족할 수 없었던 훌드리히 츠빙글리Huldrych Zwingli, 9)의 제자 중, 그와 다른 의견을 가진 사람들이 독일의 급진적 리더인 토마스 뮌처Thomas M ntzer, 11)에게 편지를 썼다. 그들은 냉담한 종교를 포기한 뮌처의 용기에 감탄해 마지않지만, 혁명을 위해 폭력을 사용한 것은 받아들일 수 없다고 기록하였다. 그들은 뮌처에게 개혁의 중요한 방식이자 개혁의 대안으로 '그리스도의 법'을 사용하도록 간곡히 권하였다:

> 마태복음 18장에 제정되어 있고, 서신서에서 실행되고 있는 것과 같이 그리스도 및 그의 법으로 교회를 세우며, 말씀으로 행진해 나가십시오. 명령과 강요가 아닌 믿음과 사랑과 조화를 이루는 공동의 기도와 금식에 열심을 다하십시오. 그러면 하나님께서 당신과 당신의 양들이 모두 순수해지도록 도우실 것입니다…. 12)

아나뱁티스트 신학자 발타자르 후브마이어Balthasar Hubmaier는 형제·자매간의 규율이 없는 교회 갱신은 있을 수 없다는 글을 써가며, 교회 예배의 순서에 대한 초안을 마련하였다.13)

경건주의Pietism 운동이나 존 웨슬리로부터 시작해서 현재에 이르는 후기 갱신운동들은 이러한 사랑의 대화 모델을 회복해 나가고 있다. 존 웨슬리 시대의 속회는 이러한 기능을 실현해 놓은 것이다. 웨슬리는 "악한 말을 고치라"Cure for Evil Speaking, 14)는 그의 설교에서 이를 자세하게 설명하였다. 사람들이 무언가를 주고받는 과정은 화해의 대화, 윤리적 식별의 본질, 그리고 신적 능력에 의해 부여받은 권위라는 형태와 결합

한다. 개혁 전통 그룹 중 이렇게 말하는 그룹은 얼마 되지 않지만, 이것은 공동체의 성례전 중 하나로 받아들여도 그만한 가치가 있을 것이다. '사죄' absolution 혹은 '화해' reconciliation라는 이름 아래 성직자에 의해 시행되는 '가톨릭' catholic의 의식은 그 의미가 많이 희석된 것이다.

만약 기록된 예식을 정확하게 시행하는 것이 우리의 관심이라면, 상태는 이미 심각한 것이라 볼 수 있다. 이런 상태라면 위에서 인용한 신약성서의 지침은 아무런 도움을 주지 못할 것이다. 그러나 거기에는 우리가 보지 못하는 엄청난 것이 있다. 여기서 우리는 근본적인 인류학적 식견을 가지고 갈등과 연대책임이 어떠한 연관이 있는지 물어야 할 것이다. 인간이 된다는 것은 차이를 갖고 있다는 것이다. 곧 온전한 인간이 된다는 것은 갈등을 일으키는 힘을 증진시키는 것에 의해서가 아니라, 화해를 위한 대화를 통해 서로 다른 차이들을 인식해 나가는 과정이다. 갈등은 사회적으로 유용한 것이다. 왜냐하면, 갈등은 새로운 시각으로 새로운 자료들을 보도록 우리를 채근하기 때문이다. 상호 인간관계를 위해 갈등은 유용한 것이다. 갈등의 과정을 통해 사람은 기술을 배우고, 새로운 각성을 하게 되고, 신뢰와 희망을 품게 된다. 갈등은 우리 자신의 감정들이 내적으로 움츠러들 때, 이를 받아들이거나 죄의식을 갖게 해줌으로써 우리를 보호해주거나 내면의 역동성으로 작용하는 아주 유용한 것이다. 죄의식을 치료하는 방법은 용서이다. 자아존중은 정말로 나를 공동체로 되돌아가게 해주고자 진지하게 노력하는 또 다른 인격이기도 하다.

기독교 공동체는 미리 앞서 대답할 수 없는 질문들을 마주 대함으로써 윤리적으로 끊임없이 식별하는 능력을 부여받는다. 기관이나 정부들을 위해 기록된 헌법들이 영원히 변치 않는 것이라기보다는 수정 혹은 의사결정의 절차를 거쳐 형성되는 것처럼, 기독교 공동체도 법전에 의해서가 아니라 가능한 의사결정에 따라 소양이 갖추어지는 것이다.

이러한 권한 부여를 잘 요약한 것이 바로 요한복음에 기록된 예수의 말씀이다. "내가 떠나가는 것이 너희에게 유익한데 왜냐하면 내가 가지 않으면 보혜사가 너희에게로 오지 않기 때문이다. 그러나 내가 가면 내가 보혜사를 너희에게 보낼 것이다… 진리의 영이 오시면 그분이 너희를 모든 진리 가운데로 인도하실 것이다…."요16:7,12

예수께서 약속하신 안내자이신 성령은 지금까지 예측하지 못한 시기, 장소, 질문들에 대해 예수의 소명이 주는 의미를 공동체 안에서 나타내며 일하실 것이다. 성령은 랍비들이 '매고 푸는 것'이라고 부른 완전한 인간 의사소통의 과정을 사용하신다. 이것은 요즘 갈등해결이라고 부르며 같은 요소를 갖는다. 그것은 인간의 지혜, 질문을 인식하는 서로 다른 방법들과 관련된 여러 시각, 협상의 과정 그리고 하나님 자신의 현존에 의해 가능하고 인도되는 모든 가능한 자원들을 총망라한다.

어떤 한 특정 상황에서 요구되는 그리스도인의 복종 지침으로써 절차와 목표라는 온전한 체제 곧 어떤 모습이 되었든 '사회 윤리'라는 용어가 일반적으로 나타내는 의미는 상황에 따라 시대에 뒤떨어진 것이 되고 공간적 특성의 제한을 받을 수밖에 없다. 그러기에 우리가 가진 지침이 입법화되거나 혹은 절차로 자리할 때, 유효한 공동체의 절차, 절차에 필요한 자료들 그리고 그 새로운 상황은 모두 합치되어야 한다.

이 지침은 단순히 절차만을 보여주는 것이어서는 안 된다. 왜냐하면, 절차와 더불어 본질적인 설명이 필요하기 때문이다. 우리는 진리를 말함으로써 약속을 지키고, 도움이 필요한 사람을 돌보아야 한다. 그러나 하나님의 권능이 중대하게 작용하는 곳에서는 적용해야 할 규칙이나 본질적인 지침의 출처가 어디인지 계시의 계획안에서 밝히기보다는 상황 안에서 적용해야 하며 이를 위해 성령님의 인도 하심을 신뢰해야 한다.

"이렇게 하는 것이 성령과 우리에게 좋겠습니다"라는 사도행전 15장 28절은 예루살렘 총회의 결과로 사도행전 저자가 총회의 유효한 회의 과정을 모델로서 표현한 것이다.

마태복음 18장에서 예수는 하나의 중요한 갈등을 사례로 믿음의 공동체가 어떻게 식별의 과정discernment process을 거쳐야 하는지 "만약에 너의 형제나 자매가 죄를 범하면…." 하시며 아주 실제적으로 말씀을 하셨다. 그리 '날카롭지 못한' 논쟁에 대해 우리가 취하는 일반적인 태도는 윤리적 비난과 관련된 요소들로부터 꽁무니를 빼거나, 아무 생각 없이 다른 의견은 언제나 존재하는 법이라고 말하는 것이다. 때로는 어떤 감정의 어려움이나 윤리적 비난이 수반되지 않는 객관적인 질문들을 줄 경우도 있겠지만, 예수님의 설명은 심리·사회학적 실재론의 일반 원칙과 맥을 같이한다. 만약 어떤 죄가 발생하였을 때, 비밀이 보장되고 화해의 의향이 분명한 상태에서 개인적으로 의사소통 과정을 거친다면 반드시 결론에 이르는 길은 열리게 될 것이다. 이렇게 하는 것은 단순히 건강한 삶을 다시 지속하도록 공동체에 필요한 사회적 감각을 제공할 뿐 아니라, 우리와 함께 거하시는 그리스도께로 문제를 가지고 가서 하늘의 인준을 요구하는 매는binding 과정이 될 것이다.

과거에서 현재로 주제를 옮기기 전에, 위에서 설명한 성서주해와 앞으로 하게 될 성서주해에 우리가 잘못 해석하였을지도 모를 한 가지 오역을 짚고 넘어가야 하겠다. '근본주의자들', '회복주의자들' restorationist 혹은 '원시주의자들' primitivist이 신약성서의 표준지침에 호소하는 방식들은 마치 성서가 기록된 1세기에 일어났던 일 이후로는 아무런 일이 없었던 것처럼 성서를 읽거나, 혹은 어떻게 고대 문서들을 읽어야 하는지 문제들에 아무런 관심이 없이 그저 본문이 스스로 모든 의미를 증명하는 것처럼 받아들이거나, 마치 성서가 제공하는 것은 전혀 변하지 않는 규정이나 확고한 법조문이나 되는 것처럼 여긴다는 점이다.

이런 검증되지 않은 생각들은 내가 만들어 낸 것이 아니다. 나의 관심은 그리스도 교회의 제자들로 알려진 '캠벨라이트' Campbellite, 14)나 '신약성경의 유형을 회복' 해야 한다는 비전을 가진 캘빈주의자들처럼 자기들만의 교회를 위한 올바른 교회 질서를 교정하려는 것이 아니다. 오히려 나의 관심은 진정한 하나님의 백성을 이루는 것과 관련되어 있다. 메시지를 담는 그릇과 내용으로서 메시지는 서로 분리될 수 없다. 신약성경은 율법적으로 읽을 때 도움이 되는 것이 아니라, 정직하게 읽을 때 도움이 된다. 이미 우리가 이 일을 시작한 것은 신앙을 변화할 수 있게 하며, 경직과 거리가 먼 신실함에 이르도록 해주는 길을 찾기 위함이다.

그러므로 고등 루터주의자들high Lutheran의 논제로는 일을 이루는데 충분치 않다. 이들의 논제는 오직 은혜로 말미암아 의롭다고 인정받는 메시지, 그리하여 오직 믿음으로 말미암아 의롭다는 메시지만 잘 선포하면 교회의 구체적인 형태는 별로 문제가 되지 않는다고 말한다.15) 마찬가지로 죄를 사면해 주는 것이 사제들의 특권이라고 하는 것, 그리하여 성경적 통치범위를 넘어서 자신들이 세운 로마의 주교를 통해 새로이 공표된 매는binding 규정에 권위를 두는 고등 가톨릭high Catholic 관점은 잘못되었다. 우리 시대의 박식한 엘리트들이 확실하다고 여기는 내용에 대하여 이랬다, 저랬다 하는 합의를 만들어 감으로써 상위 지도자들에게만 중요한 역할을 부여하는 고등 자유주의 프로테스탄트 관점은 잘못되었다. 또한, 성서가 말하고자 하는 것을 있는 그대로 읽기보다, 정경화 된 책들 안에 포함된 여러 문구의 계시적 권위 및 그 **선험적** 확신이 더 중요하다고 하는 고등 프로테스탄트high Protestant학자들의 관점도 잘못되었다.

어떤 독자들은 성경의 본문을 솔직하게 읽고자 하는 것은 이미 존재하는 전형적인 성경읽기의 하나가 아니냐고 생각할지 모르겠지만, 내가 취하고자 하는 관점은 위에 언급된 그 어느 것에도 해당하지 않는다. 나의 관점은 성경 본문을 있는 그대로 취하는 중도 현실적인 관점이라고 불러도 좋을 것이다. 왜냐하면, 최초 그리스도인들의 공동생활 모습에 관해 성서가 말하고자 하는 것을 올바로 보기 위한 학도로서의 최소한의 권리이기 때문이다. 그러한 읽기 방식이 지적으로 가능한지 가능하지 않은지는 어떤 사전 해석학적인 여과장치에 의해서 강제되는 것이 아니라, 성경 본문을 읽는 독자들에 의해 결정되어야만 할 것이다.

　　성경 해석의 이론들에 대한 이러한 자기 의식적 관심은 먼 길을 돌아가는 방법이다. 우리가 설명하고자 하는 현재 교회의 실행예식이 어떻게 개인의 이해와 공동체의 이해를 증명해야 하는지 묘사해야 한다. 물론 이미 설명한 것과 같이 가장 단순한 의미는 목회 돌봄이라든가 회중의 결정을 위해 "그리스도의 법"the Rule of Christ을 다시금 새롭게 하는 것이다. 청교도적인 율법주의와 비지시적인 상담 사이에 존재하는 제삼의 방법은 없을 것이라 여겨지는 곳에서조차, 이러한 성경읽기 방식은 본질적인 윤리적 관심을 구속사적으로 신뢰할만한 훈계와 하나가 되도록 도울 수 있다. 이러한 것은 인격과 구조의 변화를 위한 재원을 공급할 수 있을 것이다. 이러한 것은 화해와 관련된 기존의 몇몇 관례들의 존재를 위협함으로써 자동으로 용서할 수 있게 하거나, 단 한 번 허용한 것이지만 2세기 그리스도인들 가운데서 볼 수 있었던 아주 친밀한 관계를 만들어 가도록 도전을 줄 수 있다.

　　현재로 이어지는 두 번째 성경해석의 의미는 처음부터 설명되었으면 하고 기대된 표본으로써 믿는 사람들이 함께 사는 것이 하나님께서 원하시는 방법이며 그렇게 믿는 사람의 함께 사는 모습이 다른 사회관계들을 위해서도 모델이 되어야만 한다는 것이다. 현재 갈등 해결은 사회과학이자, 하나의 직업이 되었다. 사람들은 갈등해결에 대하여 공부를 할 수 있게 되었고, 전문가로서 인정을 받을 수 있게 되었다. 더 나아가 성공과 실패를 분석하기 위해 갈등해결 이론을 사용할 수 있게 되었다. 성공적으로 갈등을 해결하도록 기술을 사용하여 돕거나 가르칠 수도 있다. 갈등해결의 내용은 신약성서가 이야기하는 '매고 푸는 것'이나 혹은 개신교에서 말하는 '그리스도의 법'과 별로 다를 바 없는 것들이다. 건강한 민주주의 사회에서 갈등해결은 사법 소송이나 형사 소추criminal prosecution, 16)의 대안으로 역할을 하게 할 수 있다. 한편, 무질서한 사회 환경 속에서, 갈등해결은 모든 것을 함께 지속하게 할 수 있다. 박해의 상황에서 갈등해결은 저항의 강도를 강화시킬 수 있다. 그러므로 현대의 경험에 비추어 보아 갈등해결의 원칙들은 언어는 다르지만, 우리가 읽는 내용과 같은 내용이라고 보아도 좋을 것이다.

a. 갈등해결의 과정은 실제 문제가 되는 아주 구체적인 범죄의 지점에서 시작된다.

b. 이 절차의 의도는 관계의 해결이지 처벌이 아니다.

c. 양측을 서로 하나로 묶어주기 위해 공동체적으로 마련된 가치가 기준 틀이다.

d. 우리는 매고 푸는 과정이 제로섬 게임이 아니라는 사실을 알고 있어야 한다. 중재자는 양측이 모두가 이기게 될 것이라는 관점을 갖고 문제해결이 가능하다는 사실을 신뢰해야 한다. 곧 양쪽이 서로 다른 쪽의 권리를 인정해 줄 때, 문제해결이 가능하다는 사실이다.

e. 최우선적으로 그 문제들을 절대 공론화하지 않고, 위협적이지 않은 방식으로 다루도록 노력해야 하며, 수치심을 느끼지 않도록 최대한의 융통성을 보장해 주어야 한다.

f. 과정은 합법적이어야 하며, 충분히 배려하면서도 객관적인 중재자들에 의해 수행되도록 다양한 역할 및 관점을 사용할 수 있도록 해야 한다.

g. 중재자들의 능력과 신용은 경험에 의해 확인된 것이어야 할 뿐 아니라, 동료와 고객들이 신뢰해야 한다.

h. 만약 협상이 실패하면, 궁극적인 처벌은 화해를 거절하는 쪽이 이를 공식적으로 부인하는 형태로 나타날 것이다. 곧 불공평한 상황이 남게 되거나, 통상적인 방식인 시의 권력 중재로 넘어갈 것이다.

우리는 미국 중부에서 지난 몇십 년 동안, 같은 복음에 뿌리를 박고 있지만 좀 더 특별한 시각으로 시행되는 목회를 보아왔다. 그것을 우리는 피해자 가해자 화해 프로그램Victim Offender Reconciliation Program-VORP이라고 부르는데, 이는 이미 널리 시행되고 있는 교회 중심의 목회 중재 프로그램으로 교회가 법정의 권위를 부여받아서 국가에 의해 범죄로 규정된 처벌들을 대신하거나 완화하는 법적 보완 프로그램 역할을 한다.17)

대체로 피해자는 국가가 법을 집행 과정에서 무시되어 왔으며, 당연히 가해자에 대한 국가의 관심은 피해자에게 배상하는 것이 아닌, 범죄를 저지른 사람으로서 가해자를 처벌하는 데에 있었다. 잘 훈련 받은 VORP 자원 봉사자들은 가해자, 피해자 양측이 스스로 만날 수 있도록 협상안을 제시하는데 우선 불법 침입 혹은 습격을 당했을 때 받는 피해자의 느낌을 가해자가 배울 수 있도록 하거나 피해자에게 원상회복의 느낌을 받을 수 있는 장소에서 만나도록 돕는다. 때때로 이러한 화해는 재판과 최종 재판이 있기 전에 시작되기도 하지만, 어떤 경우에는 재판이 끝나고 시행되기도 한다. 1992년 미국과 캐나다에는 약 100여 곳의 VORP 센터들이 존재하는 것으로 조사되었다. 나중에 또 살펴보겠지만, 지금까지 우리는 교회가 세상을 위해서 어떤 존재로 있어야 하는지, 그리고 무엇을 하도록 부름을 받았는지 살펴봄과 동시에 교회가 어떻게 세상을 위한 모델이 되는가를 살펴보았다.

요컨대, 인간이 된다는 것은 갈등 속의 존재로서 가해자가 되거나 피해자가 되는 것을 의미한다. 복음의 빛 한가운데에서 인간이 된다는 것은 구속적인 대화 속에서 갈등과 직접 마주치는 것을 의미한다. 우리가 이 길을 선택할 때, 하나님이 역사 하신다. 우리가 그렇게 할 때, 갈등의 과정이 단지 생존을 위해 억지로 참거나 정신 건강을 위해 일시적으로 억제하는 수동적 전략이 아니라, 진리를 발견하고 공동체를 세워나가기 위한 하나의 적극적인 방법임을 보여줄 것이다. 복음 안에서 이것은 진리이다. 곧 세상 속에서 '**마땅히 이루어져야 하는 변화**' mutatis mutandis 또한 진리가 될 것이다.

---

1) 여기에서 형제들이라고 종종 번역되는 그리스 단어는 남성명사이지만 이 글에서는 성에 대한 배타적인 용어를 사용하지 않았다. 나중에 살펴보게 될 것이지만 어떤 사본에 나오는 "너를 거스려"라는 말은 이 본문에 속한 것이 아니다.
2) NRSV 와 RSV의 번역이 수정을 요하기에 나의 번역을 이용하였다.
3) 이 세 가지 은유적인 전치사들은 16세기 개신교 교리의 성례전에 있어서 표준적 용법으로 등장한다.
4) 1980년 6월 호주에서 침례교신자들과 함께 이 자료를 연구하였고 서문에 이름을 밝힌 감리교와 루터교의 그룹들도 덧붙이고 싶다.
5) 마태복음 5장 24절에 화해하는 의무를 참조할 것
6) 주 3)을 참조.
7) 마틴 부처는 역사를 전공하지 않는 사람들에게 아주 낯선 인물이지만, 1522년부터

1543년 스트라스부르(Strasbourg) 시의 개혁을 주도했던 개혁가이다. 그는 루터와 훌드리히 츠빙글리와 동시대 사람이자 동료로서 직접적인 목회 돌봄에 더욱더 많은 관심을 둔 온건적인 개혁가이다. 그는 존 캘빈의 선배요 멘토로서 제네바를 거쳐 스코틀랜드, 네덜란드 그리고 영국으로 번진 개신교의 종교개혁 운동에 '개혁(Reformed)'이라는 이름을 붙게 한 아버지이다.

8) 메노나이트, 후터라이트, 아미시, 그리고 개혁 침례교 비전을 가졌던 조상

9) 1519년부터 1531년까지 활동했던 취리히에서 가장 유명한 개혁가

10) 뮌처는 비전에 사로잡힌 개혁가로서 1520년대 초기에는 루터의 개혁운동 안에서 눈에 띄는 리더십을 발휘하였으나 급진성이 빠진 루터의 운동을 거절하였다. 궁극적으로 뮌처는 1524-1525년에 있었던 농민들의 반란에 가입하였다.

11) 리랜드 하더(Leland Harder)의 『스위스 아나뱁티스트의 근원』(*The Sources of Swiss Anabaptism*, Scottdale: Herald Press, 1985) 284쪽. 비록 '아나뱁티스트(anabaptist) 운동'을 혹평하는 논조로 불렀지만, 그것은 하나의 운동이 아닌 매우 다양한 모습으로 나타났다. 1524년 취리히에서 발판을 마련한 이 그룹은 결국 '스위스 형제단(Swiss Brethren)', 후터라이트(Hutterite) 그리고 메노나이트(Mennonite) 운동으로 그 특징을 나타내게 되었다.

12) 웨인 핍킨(H. Wayne Pipkin)과 존 요더(J Yoder) 편집, 『발타자르 후브마이어: 아나뱁티스트 신학자』(*Balthasar Hubmaier: Theologian of Anabaptism*, Scottdale: Herald Press, 1989) 372 쪽.

13) 존 웨슬리, 『존 웨슬리의 업적』 제2권 설교 II(앨버트 아우트러 편집, Nashville, TN: Abingdon Press, 1985)에 실려 있는 '악한 말을 고치라'는 설교 251-262 쪽. 아우트러에 따르면, 이 설교의 핵심은 약속 안에 있는 동료 감리교인들이 사람 등 뒤에서 악한 말을 하지 않게 하려고, 그리고 어떤 문제이든 얼굴을 맞대고 토론을 하게 하려는 것이라고 한다. 1752년 웨슬리는 같은 주제로 여러 번 설교하였고 1753, 1758, 1786 그리고 1787년에 정기적으로 설교하였다.

14) 알렉산더 캠벨(Alexander Campbell)은 19세기 초 미국 중부지방에서 부흥 운동을 시작한 사람으로 잘 알려졌으며, 특별히 '만민구제(restoration)'와 '그리스도의 교회들(Churches of Christ)' 혹은 '제자들(Disciples)'로 잘 알려졌다. 그가 갖고 있었던 신념 중의 하나는 교회의 생활을 위한 '신약성서의 유형(New Testament pattern)'이 사도적인 본문들 안에서 모든 신자에게 분명히 실현 가능한 것들로 보았다는 점이다.

15) 전문적인 용어인 아디아포론(*adiaphoron*)은 교회의 질서라는 영역을 위해 루터교

인들이 사용했던 단어이다.

16) 출판, 조사연구, 그리고 훈련의 분야의 자료는 엄청나다. 갈등 해결은 학교와 전문적인 기관들을 통해 다루어지고 있다. 이에 대한 입문서로 로저 피셔와 윌리암 유리(Roger Fisher and William Ury), Getting to Yes: Negotiating Agreement Without Giving In(New York: Penguin, 1983) 혹은 크리스토퍼 무어(Christopher W. Moore), The Mediation Process(San Francisco: Jossey-Bass, 1987)을 들 수 있다.

17) 하워드 제어의 피해자-가해자의 갈등 조정(애크론, 필라델피아, 메노나이트 중앙위원회) Howard Zehr, Mediating the Victim-Offender Conflict(Akron, PA: Mennonite Central Committee), (이 분야에 관한 개론서는 하워드 제어의 『회복적 정의란 무엇인가?』(KAP, 2010)를 참조하라-편집자주)

2장 함께 빵을 떼는 제자들

우리가 시행하는 '성례전 문구'라고 부르는 신약성서 말씀 중에 "너희가 이를 행할 때마다, 나를 기념하라"는 예수의 말씀이 있다. 원래 이 구절이 의미하고자 했던 것은 아마도 우리가 생각하는 것처럼 그렇게 단순하지 않은 것 같다. 왜냐하면, 그 예식이 의미하는 것에 대해 이미 수많은 논쟁이 있었고, 우리가 수십 세기 동안 그 예식을 끊임없이 반복해서 실행해 왔기 때문이다.

예수를 기억하면서 그들이 행했던 것은 무엇일까 그것이 의미하는 바는 "너희가 미사를 드릴 때마다" 혹은 '주의 만찬'을 말한 것은 아니었을 것이다. 왜냐하면, 예수님 당시에는 '미사' 혹은 '주의 만찬'과 같은 것은 없었기 때문이다.

만약 신약성서를[1] 올바르게 이해하려면, 우리는 우리 생각이 후대, 특히 16세기에 진행되었던 열매 없는 논쟁으로 다시 돌아가지 않도록 적극적으로 노력해야 한다. 약 480년 전에 있었던 논쟁들은 프로테스탄트가 로마 가톨릭과 의견을 달리했던 것들이 우선이었고, 곧 루터와 그의 추종자들이 과연 캘빈과 그의 추종자들과는 어떻게 다른가 하는 논쟁이 지배적이었다.

이러한 논쟁들은 중세 후기의 철학적 질문들에 초점이 맞추어졌는데, 이들의 논쟁은 예수와 그의 사도들에 대하여는 관심조차 두지 않았다. 16세기에 관심을 보이는 신학자들은 일반적인 삶과는 분리된 '성례전'에 대해 관심이 많았다. 그것도 성례전과 관련된 아주 특별한 활동 및 물건들에 대해 이론적으로 자세하게 정의를 내리는 일에 지대한 관심을 쏟았다. 특별하게 기록된 글들을 읽을 때나 특정한 행사에 참석할 때, 이들은 '종교적' 실재라는 특별한 영역이 존재한다는 근본적인 개념을 갖고 있었는데, 이는 성경적인 사상이 아니었다. 우리가 서론에서 이야기한 것처럼 이러한 모든 것은 종교와 정치의 분리를 밑바닥에 깔고 있다. 이 정교분리 사상은 성례전이야말로 가장 특별한 종교 및 예식 활동이라고 믿는 한가지 생각만을 지지한다. 사실 이것은 신약성서가 생겨나고, 몇 세기 동안 그리스도인들이 이교주의paganism로부터 취한 것인데 이 이교주의는 그리스도인 운동의 문화적인 토양으로써 유대주의를 대치한 것이다.

이러한 이교주의에 대한 의문이 생겨나자, 프로테스탄트들은 가톨릭을 비난하였고, 캘빈주의자들과 루터주의자들은–사제들이 성찬식에서 '상징들'emblems에 대해 언급할 때 그 의미가 무엇인지 올바로 정의해야 하는 것과 관련된–빵과 포도주의 의미에 대한 추상적인 논쟁을 하면서 서로 받아들이지 못하게 되었다.

이러한 중세시대의 질문들은 성경 본문이 가져다주는 단순한 의미를 충분히 깨닫지 못하도록 방해해왔다. **시대착오**anachronism라는 단어는 어떤 것을 이해하면서 잘못된 시대와 시간의 틀 안에서 해결하려고 할 때 사람들이 흔히 저지르는 실수와 오해를 일컫는 말이다. 우리가 신약성서를 읽을 때, 성찬식에 관련된 후대의 논쟁을 통해 어떤 것이라도 얻어내려고 노력한다면 우리도 그러한 시대착오적인 실수를 하게 될 것이다.

우리는, 마치 고고학자가 고대 유적의 무덤을 하나씩 조심스럽게 발굴하듯이, 충분히 시간을 갖고 그리스도인의 사상과 실행들의 여러 층을 하나하나 벗겨나가야 할 것이다. 또한 성찬식Eucharist의 진솔한 의미가 언제 어떻게 다른 종교나 고대의 철학적 사상에서 차용되었으며, 어떻게 예식적인 개념 혹은 미신적인 개념으로 바뀌었는지 질문해야 할 것이다. 우리는 4세기에 시작된 제국과 기독교의 혼합이 함께 빵을 떼는 것에 대한 경제적 의미를 어떻게 다른 것들로 대치하게 되었는지에 대하여도 질문해야 할 것이다. 우리가 발견하게 되겠지만 이러한 엄청난 변화는 침례세례의 의미에도 거의 똑같이 영향을 미쳤는데, 침례세례에 관한 내용은 다음 장에서 살펴볼 것이다.

만약 우리에게 좀 더 많은 시간이 있다면, 함께 음식을 먹는다는 것이 1세기에 사람들에게 어떠한 의미가 있었는지 인류학적으로 그 의미를 살펴보면 좋을 것이다. 대부분 문화에서 그렇듯이 함께 식사를 하는 것은 아주 특별한 의미가 있다. 우리는 히브리 민족이 가진 유산으로써 유월절의 식사와 광야에서 먹었던 만나를 통해서 그 특별한 의미를 추적할 수 있다. 우리는 메시아의 만찬messianic banquet에 대한 선지자들의 예언들을 통해 그 의미를 살펴볼 수도 있다. 그러나 여기서는 복음서의 본문들을 있는 그대로 읽고 그 의미들을 제대로 찾아보는 것만으로도 충분할 것이다. 그렇다면, 과연 예수께서 '너희가 이를 행할 때마다 나를 기억하라'고 하셨던 의미는 무엇일까 예수께서 **그때** 진정으로 말씀하시고자 했던 것은 무엇일까 최초의 그리스도인들이 음식을 나누었을 때, 그들은 무슨 일을 했던 것일까?

예수는 **아마도** '너희가 유월절을 기념할 때마다 나를 기억하라'고 하신 것 같다. 그러나 그것은 예수의 말씀을 들었던 사람들이 그가 말씀하시고자 했던 것이 무엇이었는지 분명하게 이해했다는 것을 의미하지 않는다. 우리 시대와 마찬가지로, 예수의 시대에 유대인들은 1년에 한 번씩 유월절을 지켰다. 예수께서 죽기 바로 전에 제자들과 함께했던 그 식사는 유월절의 배경 속에서 이루어진 것이긴 하지만, 제자들이 기억 속에 그 식사는 1년에 한 번 있는 행사로서의 유월절이 아니었다.

예수께서 의미하시고자 하신 것과 최초의 제자들이 이해했던 것이 무엇이었는지 간에 성경의 기록이 보여주고자 하는 것은 "너희가 일상적인 식사를 할 때마다 주님을 기억해야 하는 것"을 의미했다. 예수께서 그날 저녁 축복하신 그 식사와 그를 기억하라고 요구하셨던 그 식사는 그들의 몸을 위한 음식으로 그들이 **평상시에 함께** 먹었던 식사였다.

일상적으로 음식을 함께 먹었다는 것은 복음서가 기록하고 있듯이 부활하시고 나타나신 주님과 음식 사이에 어떤 연관성이 있다는 것을 강하게 시사해준다. 누가복음의 마지막 장에서 부활하신 예수의 나타나심은 먹는 것과 관련되어 있다. 엠마오 마을로 가는 제자들은 그들이 길에서 만난 사람이 누구인지, 그들이 함께 이야기 한 사람이 누구인지, 그리고 성서를 잘 깨닫지 못한다고 그들을 꾸짖은 사람이 누구인지 알지 못했다. 그들은 식탁에 앉아서 저희와 함께 음식 잡수시려고 떡을 가지고 자연스럽게 감사기도를 드리셨던눅24:30 예수의 이전 역할을 깨닫게 될 때까지 그가 누구인지 알지 못했다. 사실 예수께서 부활하셔서 그들에게 다시 음식을 나누어 주셨을 때, 그때 비로소 그가 누구인지 알게 되었다. 이 일을 경험하고 그들은 떠나왔던 예루살렘으로 급히 다시 돌아가서 다른 사람들에게 자신들의 경험을 이야기하였다. 거기서 다른 제자들은 그 보고를 받아 듣고 침묵을 지켰지만, 예수께서 다시 그들에게 나타나셔서 그들과 다시 음식을 잡수셨을 때눅24:41~43절 그들의 보고가 사실임을 믿게 되었다. 그와 같은 연관성은 사도행전 1장 4절과 요한복음 21장 9~13절에도 잘 나타나 있다.

오순절 이후 교회가 식사를 함께함

오순절에 대한 기록이 함께 식사를 하는 또 다른 설명으로 끝나고 있다는 사실은 하나도 놀랄만한 일이 아니다. 함께 한 제자들의 삶은 다음의 네 가지 활동으로 요약할 수 있다. 우선 사도행전의 저자 누가는 우리에게 "저희가 사도의 가르침을 받아 신실해졌고, 서로 교제하며, **떡을 떼며**breaking of bread, 오로지 기도하기를 힘썼다"행2:42고 기록하고 있고, 곧이어 "함께 떡을 떼고자 자신들의 집에서 모여 기쁨과 순전한 마음으로 음식을 나누었다."행2:46, 저자의 번역임고 기록하고 있다. 그들의 삶을 함께하는 중심으로서의 식사가 경제적인 공동체 형성으로 범위가 확대되었다는 것 때문에 "모든 물건을 서로 통용하고 자기 재물을 조금이라도 자기 것이라 하는 이가 하나도 없었다."행4:32고 기록한 것이다. 예루살렘 교회가 소유했던 그 '공동의 지갑'common purse은 하나의 지갑이 아니었다. 곧 그것은 공동의 식탁이었다. 공동의 식탁은 이상적인 경제적 관계에 대하여 토론을 하거나, 깊은 사색과 사상의 열매 혹은 투자의 열매로써 생겨난 것이 아니었다. 그것은 이미 진행되고 있었던 것에 뭔가를 더한 것이 아니었다는 것이다. 오히려 그 나눔은 식탁의 교제로부터 평상적이면서도 자연스런 유기적 확장이었다. 최초의 예루살렘 신자 중 몇 사람들은 자발적으로(사도행전 5장에는 나눔이 의무나 강요가 아니었다고 기록하고 있다) 자신들의 재산을 팔았다. 주님의 현존을 느끼려고 그들이 함께 음식을 나누도록 물건을 공동출자, 공동관리 하였다. 그러나 이것이 음식을 나누면 자동으로 주님의 현존을 느끼게 된다는 것을 의미하지는 않는다.

이러한 공동의 식사는 그리 혁신적인 것이 아니었다. 왜냐하면, 그것은 단지 그들이 몇 달 동안 예수와 함께 사는 방식의 회복이었기 때문이다. 누가복음 8장 처음 몇 구절들에는 예수께서 병을 고쳐주셔서 건강해진 여인들과 다른 사람들 그리고 순례하는 제자들의 그룹이 몇 사람들에 의해 대접을 받았다는 내용이 기록되어 있다.

이러한 공동의 식사는 그리 혁신적인 것이 아니었지만, 예수님과 함께 여기저기 떠돌아다니던 사람들과 제자들이 함께 떡을 나누었다는 것은 오랫동안 기대해왔던 소원의 성취였다. 광야에서 있었던 만나 이야기는 히브리인들이 체험했던 해방 초기에 경험한 것이었다. 모든 실제적인 땅의 소유권이 하나님께 속한 것임을 정기적으로 알려주는 평등의 정신에 근거한 희년은 모세의 여러 법 조항의 중심 사상으로 자리하고 있다.2) 예수의 사촌이면서 선배였던 침례세례 요한이 자신의 메시지를 들은 사람들에게서 다가오는 하나님나라를 어떻게 준비해야 하느냐는 질문을 받았을 때, 그는 가진 옷과 음식을 나누어주라고 대답하였다.눅 3:10,11 광야에서 예수가 받았던 첫 번째 시험은 돌을 빵으로 만들라는 것이었다. 복음서에서 보고된 가장 많은 청중은 예수가 빈들에서 먹였던 수천 명의 사람에 관한 것이었으며 이는 사람들에게 예수가 메시아임을 알려주었던 분명한 결과물로 기록되어 있다.

제자들이 함께 시행한 것으로써 공동 식사의 중심성은 사도 시대로 계속 이어져 간다. 우리는 음식을 나누는 구제가 공평하게 이루어지게 하려고 리더십 구조를 재편성하는 모습을 사도행전 6장에서 읽을 수 있다. 공동의 식사는 제자들의 공동체 중심에 너무나 구체적으로 자리하였기 때문에, 바로 다음에 일어난 조직상 변화로 종종 잔치의 모습을 띠며 시행되었다고 사도행전이 보고하고 있다.

예루살렘 교회의 회원 중 일곱 명의 헬라Hellenist, 3) 리더들은 공동체를 위한 나눔의 사역으로 부름 받았다. 그러한 결정은 팔레스타인 지역에 흩어져 있던 회당이라는 네트워크에서 세계 선교로 기본자세를 바꾸도록 변화를 촉구하였다. 교회의 미래 선교가 의미하는 바는 무엇이며, 우리가 줄 수 있는 것이 무엇인가 하는 문제보다 선교가 무엇을 의미하는가 하는 문제에 더 많은 관심과 가치를 두어야 했다. 여기서 우리가 다루는 주제이자, 우리를 자극하는 관심사가 생겨났는데 그것은 비 팔레스타인 과부들이 공동의 식사에서 배제되어서는 안 된다는 일치된 목소리였다. 그러한 관심은 예수께서 자신의 지상 사역 동안에 세우지 않았던 사람들을 뽑아 리더십 팀에 사람을 추가할 만큼 아주 중요한 이슈가 되어 리더십의 유형까지 변화시키는 결과를 몰고 왔다.

공동의 식탁교제에 참여할 수 있는 조건에 대한 질문은 이방인들을 자유롭게 환영해야 한다는 선교의 초석으로 연결되었고 사도행전 15장이 기록하고 있듯이 예루살렘 총회로까지 이어졌다.4) 고린도교회에 보냈던 첫 번째 편지는 사도 바울은 세운 교회가 어떻게 교회를 운영해야 하는지 지침을 요구한 것에 대한 편지글 형식의 답변이다. 그들이 요청한 교회의 지침 중 대부분은 식탁 교제와 연관이 되어 있다. 곧 우상에게 바쳤던 고기와 관련된 내용행8장과 10장, 그리고 여러 계급으로 나뉜 식탁에 대한 내용행11장이 그것이다. 바울은 만약 그들이 식탁 교제에서 사회적 계층 분화를 극복하지 못한다면, 식탁에 참여하는 것 자체가 자신의 죄를 먹고 마시는 행위라고 설명하였다. 초대 교회의 그리스도인들은 식탁의 교제에 참여하면서 잔치를 통해 묘사된 메시아의 시대가 시작되었다는 것을 증거 해나간 것이다.

요약하자면 예수의 지상 목회가 시작된 이래로 그의 제자들은 교회 예배의 실행과 관련된 간단하지만 중요한 두 가지 차원의 일을 식별할 수 있어야 했다. 첫 번째 차원은 기록상 부정할 수 없는 것으로서 별로 중요시 여겨지지 않았던 사회적 사실, 곧 예수 그리스도의 새로운 '가족'family으로 세워지기 위해 자신들의 직업, 가정, 가족을 떠나는 사람들이 있었다는 사실이다. 이 예수 그리스도의 새로운 가족은 예수께서 친히 가족의 머리가 되시는 소비의 공동체이다. 때때로 학자들은 제자들의 식사와 차부라chabourah: 유대인들이 안식일 전날 저녁이나 거룩한 날 저녁에 모여 함께 나누는 식사 모임—옮긴이주 혹은 '교제' fellowship라 불리는 모임들을 비교하기도 한다. 이 교제는 친구들이 자신의 집이나 직장에서 기도와 식사를 위해 정기적으로 모였던 모임을 말한다. 이러한 유추에 의한 설명이 빠른 교회 성장을 유지하기 위해 팔레스타인 사회가 준비되었다는 것을 시사해주는 것은 아니며, 여행을 하는 제자들의 모임이 어떠했는지 충분히 설명해주는 것도 아니다. 다만, 거기에는 이를 설명해 줄 수 있는 모델이 있었는데 그것이 바로 권속household이다. 이것이 예수를 따르려고 다른 것에 충성을 바쳐서는 안 된다고 하신 예수의 말씀이 뜻하는 바 선결조건이다. 마4:19,20; 10:34~39, **5)**

두 번째 차원의 의미로 처음부터 공동의 식사를 통해 제시되는 것은 감사이다. **성찬식**이라는 이름은 그리스어로 '감사를 드림' 이라는 아주 단순한 의미가 있는데, 이는 감사기도가 드려진 식사를 말한다. 유대 가족들의 매 식사에는 예배행위가 따라온다. 제자들의 무리가 식사를 준비할 때, 예수는 규칙적으로 예전부터 전해 내려오는 감사의 말씀으로 기도를 드렸다. "축복의 근원이 되시며 우주의 왕이신 하나님, 우리에게 빵을 나눌 수 있게 하신 하나님의 선하심에 감사를 드립니다."

더 많은 잔치의 차원들

이러한 두 가지식탁 교제와 감사 기본적인 의미 위에 복음서는 유월절을 기념하는 설명을 덧붙이고 있다. 유월절은 1년에 한 번 이집트로부터의 탈출을 기념했던 식사 형태를 띤 예배 행위이다. 비록 복음서들에 나타나는 기록들을 연대기적인 관점에서 하나로 통일시키기는 쉽지 않지만 '최후의 만찬' 이 유월절의 맥락에서 진행된 이벤트였다. 마가복음 14장은 가장 단순한 형태의 유월절 식사에 대한 기록이다. 요한복음 19장은 '준비' preparation라는 맥락에서 그 식사가 하루 전에 일어난 것이라 암시하고 있다. 어느 경우든 잔치의 한 부분으로써 식사가 유월절과 연결된 것만은 분명하다. "죽복의 잔" cup of blessing으로 표현된 용어들처럼고전10:16 아주 특별한 용법들이 사용되기도 하였는데, 이는 유월절의 잔치를 반영한 것으로 보아도 좋을 것이다.

이러한 연결고리를 살펴볼 때, 이는 출애굽 사건을 기억하고 기뻐하는 전체 히브리인들의 전통을 올바로 이해하고, 사람을 창조하신 창조주 하나님과 끊임없이 눌린 자를 해방하시는 하나님께 우리의 충성을 다해야 함을 확실하게 하려는 의미로 이해할 수 있다.

그러나 그림을 더 깊이 있게 해주는 또 다른 차원의 의미가 있는데 그것은 광야에서 군중을 먹이셨던 기억이다. 사막에서 사람들을 먹이시는 것은 우선 예수가 사막에서 시험을 받았을 때 가장 먼저 제시된 시험이기도 했다. 후에 예수는 사막에서 빵을 만들어 사람들을 먹였다. 곧 수천 명을 먹이면서 약속되어 있던 메시아의 잔치를 베푸셨다. 그들이 이런 예수를 왕으로 세우고자 했던 것은 그리 놀랍지 않은 반응이었다.

그러한 식사 코스 중에 위에 언급했던 모든 의미를 포괄하는 말이 바로 예수가 말했던, "너희가 이를 행할 때, 나를 기억하라"는 것이다. 고린도전서 11장의 기록은 이러한 말들이 소위 식사 단계의 한 부분으로 혹은 식사 코스의 중간에 언급하게 되어 있다. 이는 가족 기념 식사가 이루어지는 일반적인 예식의 부분으로써 언급하도록 하라는 말이다.

경제와 관련된 기본적인 사실

우리가 말하려는 현재 목적들이 무엇인지는 이미 위에서 살펴본 것과 관련되어 있으며, 동시에 모든 것에 앞서 파악해야 할 문제이며, 극복해야 할 실제적인 문제이다. 이러한 실제적인 문제를 우리는 '경제' 라고 부르며, 사실 이는 우리가 교회에서 시행하는 '예식' 보다 훨씬 더 깊은 의미가 있다. '떡을 떼는' breaking bread 주제가 신약성서 어디에 기록되어 있든지 그 본문이 말하고자 하는 것은 매일 매일의 물질적 생활을 사람들이 서로 나누어야 한다는 의미다.

하나님 혹은 교회가 "빵이란 매일 먹는 음식을 의미한다"라고 쉽게 말함으로써 '제도' 혹은 상징적 행동의 의미를 헤아리는 것으로 충분하지 않다. 그것은 문화를 연구하는 역사학자나 혹은 인류학자가 말하는 것처럼, 서로 다른 문화라 할지라도 '함께 먹는 것' 은 환대와 공동체를 함께 이룬다는 가치들을 반영하고 '의미하는 것' 이기 때문에, 단지 그들이 말하는 이러한 상징적인 행위로부터 특별한 가치들을 찾는 것이 중요하다고 말하는 것으로는 충분하지 않다는 말이다. 빵은 매일의 양식을 의미한다. 함께 먹는 빵은 경제적인 나눔이다. 그것은 단순히 상징적인 것을 말하는 것이 아니라, 실제 가족으로 음식을 함께 먹음으로써 경제적인 연합의 모임을 점점 확대해 나가는 것이다. 부활 후 나타나신 예수에 대한 기록 대부분 장면을 살펴보면, 예수는 식탁 주변에서 물고기나 빵을 나누어주시는 가장이라는 친숙한 역할을 다시 담당하셨다. 이는 예수가 고난 전에 유리하던 제자 및 무리와 함께했던 공동의 식탁을 고난 후의 세상에서도 다시 드러나야 할 것으로 투사하신 것이다. 이 제자들은 일전에 예수가 펼친 하나님나라 운동에 참여하기 위해 자신이 가졌던 경제적 기반들을 포기했던 사람들이었다.

누가는 사도행전 4장 34절에서 '그중에 도움이 필요한 사람이 없었다.'고 자신의 설명을 요약 정리하였다. 아마도 그가 의미했던 것은 신명기 15장 4절에 기록된 "네 하나님 여호와께서…. 너희 중에 가난한 자가 없게 하실 것이다"라는 말씀의 반향이요, 성취였을 것이다. 기본적인 필요가 채워진다는 것은 메시아의 시대가 왔다는 증거이다.

간단하게 말해서, 성찬식은 하나의 경제적인 행동이다. 빵을 함께 나누는 것을 올바로 실행하는 것은 경제적인 윤리와 관련된 문제이다.

특별한 '예식'으로 해석하기

중세초기부터 실행해 왔기 때문에, 초기 그리스도인들의 식사를 종교적인 의식으로 따로 떼어놓고 해석하거나 혹은 일 년에 한 번 시행되는 유월절 만찬으로만 초점을 맞추어 협소하게 해석하는 것은 그리스도인들이 빵을 떼는 행위의 사회 윤리적 영향력을 우선은 교회 내에서 그리고 또 세상 속에서 회피하는 것이다. 우리는 이 문화에서 저 문화로, 그리고 이 시대에서 저 시대로 두루 이어져 온 행위, 곧 함께 먹는 것과 같은 아주 단순한 문화적 실행의 의미가 무엇인지 이해하기 위해 특별한 에너지를 투자할 필요가 있다. 이러한 일은 예수 앞에서 식사와 기도로 모였던 **가족/차부라**chabourah 모델로부터 동떨어진 모습의 성찬식이 아니라, 서로 필요를 채워주고자 나누었던 헌신된 제자들의 삶의 방식으로써 성찬식을 기억할 때 분명해진다.

우선 하나님나라의 새로운 경제 방식으로의 첫 번째 구체화로서 메시아 공동체의 구성원들 가운데서 이루어지는 기본적인 경제적 나눔을 이야기할 수 있겠다. 그러나 한편 믿음에 대한 반응으로써 복음의 내용으로부터 직접 파생되는 교회 윤리와, 또 다른 한편 교회 윤리와는 기본이 다르거나 내용이 다른 윤리들 사이에 존재하는 차이가 존재함을 알아야 한다. 신자들이 보여주는 공동체의 새로움은 세상을 위한 약속의 새로움이기도 하다. 속박을 받던 사람들을 풀어주며, 배고픈 자들을 먹이는 메시아 시대에 믿음의 공동체를 넘어서는 정치·경제는 비록 먼 이야기일지 모르지만 하나의 범주여야 한다.

만약 사회주의나 경제적 민주주의와 같은 것을 변호하기 위해 믿는 사람들을 헌신하도록 하는 것이 성찬식이라고 한다면 이보다 더 정확한 표현은 없을 것이다. 현대이론으로써 '사회주의'는 정치화되어 아주 다양한 의미가 있다. 이 용어의 가장 부적절한 사용이 동유럽의 붕괴에서 볼 수 있었던 국가 자본주의로 타락한 독재자의 형태로 설명되었다.

그러나 만약 우리가 사회주의가 가난한 사람들이 가진 특권을 존중
한다면서 어떤 모습의 나눔, 변호, 그리고 지지를 요구해야 한다는 사실
을 고백하지 않는다면, 그리고 이들이 가진 장점과 생산성에 대해 고려
하는 것이 종 됨의 법칙과 연관된다는 사실을 고백하지 않는다면 사회
주의는 아무것도 아닐 것이다. 최근 기독교가 여러 나라에서 가난한 자
들의 권리와 필요를 채워주고 있다는 사실이 많은 이들의 관심을 새롭
게 하고 있다. 로마 가톨릭은 가난한 사람들의 편에 서라고 가르치고 있
다. 기독교 자유진영은 '권리'를 주장하며 사회정의에 대하여 외치고 있
다. 곧 여러 사람과 수많은 교파가 인류 혹은 인간의 기본적인 필요를
위한 책임이라는 그들의 감각에 의존해서 나름대로 조직화 될 것이라는
점이다. 이러한 그림들 속에 중심을 덧붙이고자 하는 것이 이 연구의 핵
심이다. 즉시 사람들이 가진 자신들의 빵을 나누는 것은 책임이라는 상
징성뿐만 아니라 표본이 되어야 한다.

빵만이 아니라 지위와 사회계급까지

우리가 이미 고린도전서 11장에서 살펴보았듯이, 주의 만찬Lord's
Supper은 경제적 분리를 비난하는 종교적 의식장치이기도 하다. 주의 만
찬이 시행되었던 상황은 이미 첫 번째 열매로써 경험된 그리스도의 복
음이자 사역이었다. 평등화를 위한 기초들은(경제 정의를 위해 현대 그
리스도인의 관심으로써) 이미 창조6)세계에 이미 나타난 어떤 독창적 전
체 질서의 비전이었다기 보다는 회복되어야만 하는 필요성이었다. 오히

려 그 필요성은 메시아 시대에 대한 약속이 성취되는 시작에 불과하다.7)

여러 세기에 걸쳐 드러났던 이러한 비전에 대한 역사적 사례는 신학자나 사제들이나 독실한 신앙을 가진 영주들에게서 온 것이 아니라 사회의 변두리에 있는 사람들에게서 온 것이다. 최초의 프로테스탄트라고 일컫는 리옹Lyon의 피터 왈도Peter Waldo는 여기저기 떠돌아다니는 설교자가 되려면 자신의 가족과 부를 떠나야 했다. 그와 거의 동시대 사람인 아시시Assisi의 프란시스Francis는 탁발 수도를 위해 가족과 부를 뒤로 한 인물이다. 이러한 경향은 세 갈래로 계층이 나누어진 농노 사회를 비난했던 15세기 체코의 급진주의자 피터 첼시키Peter Chelcicky로 이어졌다.

1528년 모라비아Moravia의 니콜스버그Nikolsburg로부터 추방된 비폭력 아나뱁티스트 형제의 그룹이 그들이 가진 모든 재원을 모아 교회/코뮌 혹은 **부르더호프**bruderhof 라는 새로운 경제 형태를 창조해냈다. 제럴드 윈스탠리Gerald Winstanley와 영국의 '레벨러'Leveller들은 사회가 착취해간 '통상적인 방법들'을 거부하는 차원에서 런던 남쪽에 있는 땅을 함께 개간하였다. 우리 시대까지 내려오는 동안, 제자도를 진지하게 여겼던 그리스도인들은 다양한 방법으로 경제를 함께 나누는 새로운 형태를 발견하고자 했다.

이론적으로든 실제로든 여러 세기를 거치면서 이러한 경제적 급진주의자들은 성찬식에 대한 자신들의 증거를 아주 분명하게 고백하였다. 그들과 동시대를 살았던 학자적 성찬 신학을 주장한 사람들은 경제적 나눔으로서의 성찬식을 금지하였다. 그러나 이들은 가난한 사람이셨던 예수께서 자신을 따라오도록 사람들을 지속적으로 부르시고 빵을 나누면서 사회의 계층분화를 비난하셨다는 사실을 알고 있었다. 그들은 프란시스와 피터 왈도 이전에 있었던 경향을 계속 이어 나갔다. 곧 11세기 북이탈리아에 만연되었던(교회에 돈을 바침으로 기득권을 얻는 방식이었던) '성직매매' simony의 반동으로 생겨난 **그리스도의 가난한 사람들** the pauperes Christi이 성령의 현존을 경험하면서 그 경향을 계속 이어 나갔다.

이 같은 지대한 관심들은 더욱더 크고, 오래되고, 공식적인 모습의 수도원 운동을 일으키는 동인이 되었다. 가난하게 살겠다는 수도사들의 맹세는 궁핍을 의미하지 않는다. 우선 수도원은 건물 및 토지를 소유하고 있었고, 수도사들의 생활은 거의 불편함이 없었다. 그러나 토지를 **개인적으로** 소유할 수 없었고, 거지들은 항상 환영을 받았다. 손을 벌리는 일에의 헌신(혹은 프란시스코 회의 경우에는 구걸하는 것)은 경제연합의 또 다른 표현이 되었다. 비록 그 형태들이 우리 사회를 위한 모델은 될 수 없었지만, 수도원 생활은 나누기 위한 헌신에 대한 간증으로써 남게 되었다.

중세 이야기 중 또 다른 유형은 돈을 빌려줌으로 폭리를 취하는 전문적 고리대금usury을 금지하는 형태로 나타났다. 이러한 금지조항은 모세의 법레25:36, 신23:19, 참조-시15:15과 예수의 말씀눅6:35에 기반을 두고 중세 기독교에 의해 시행되었으며, 성경 법률가들에 의해 연구조사가 이루어져 중세 시대의 고리대금 법에 대한 내용이 잘 정리되었다. 고리대금 금지이든 성직매매 금지이든 결국 경제적 불평등을 법적으로 회복시키는 데는 그리 효과적이지는 못하였다. 우리가 관심을 두고자 하는 것은 이러한 두 가지 법적인 상황들 속에서도 종교개혁이 일어날 때까지 지속해 온 성찬식을 살펴보면 함께 해야 할 가난에 대한 복음의 비전이 무엇인지 그 의미가 강하게 암시되어 있다는 사실이다.

토지에 시행한 평등

나사렛의 한 회당에서 있었던 강단 설교에서(누가복음 4장), 예수는 "주의 은혜의 해를 선포하는" 이사야 61장을 인용하였다. 이것은 아마도 모세의 율법에 기록된 희년을 의미하는 것으로 보인다. 30년 전 프랑스 개혁가요, 교육가요, 평화주의자요, 목사로서 유대인들을 많이 살렸던[8] 안드레 트로크메Andre Trocme는 누가복음에 있는 희년에 대한 실제적인 비전에 대하여 상세하게 말하기 시작했는데, 이것은 신약성서를 해석하는 다른 사람들에게는 아주 위험한 가설이 되는 것 같다. 그 이후로 이 주제는 최소한 세 개의 학위논문의 주제가 되었고, 실제 사회정의를 위한 목회에 대한 다양한 관점을 생산해내었다. 누가복음 4장의 예수가 이사야 61장에서 선지자가 약속한 것 곧 주의 성령이 자신에게 임하셔서 기름을 부으신 것은 빚을 탕감해주고, 재산을 다시 분배하고, 갇힌 자들을 자유하게 하는(그 당시 그 장소에 있었던 대부분 사람은 실제로 빚에 의해 다른 사람들에 의해 포로가 되어 있던 상태였다) 새로운 세상이 시작됨을 가장 감동적으로 표현한 것이었다. 예수는 희년의 의미가 무엇인지 분명하게 알고 있었고, 정의의 요구가 아주 심각한 논쟁거리가 될 수 있다는 것도 알고 있었다.

복음서의 이러한 설명에 대해 또 다른 평가는 나눔의 한계를 정해 놓은 상태에서 생산적인 자원에 신경 쓰지 않고 소비의 수준을 이야기하는 '식탁 교제' table fellowship의 증거를 보호하기 위한 것이라는 설명이다. 희년은 생산적인 자본이 평등해지도록 정의를 실현하는 것이다. 곧 모든 사람(더욱더 근본적으로는 모든 가정이) 이 자신의 땅을 가져야만 한다는 것이다. 따라서 누가복음 4장의 예수의 선언은 모든 가족이 자신의 포도나무와 무화과나무를미4:4 소유해야만 한다는 예언자적인 약속을 새롭게 한 것이었다.

그러므로 모세의 비전에 따라 50년마다 땅의 소유주를 다시 배당하는 것은 예수의 제자들이 그리고 얼마 뒤에 생겨난 이스라엘 공동체가 나눔에서도 선구자들이었다는 것이다. 이러한 증언을 문자적인 해석이라고 여겨버리기는 쉽겠지만, 결코 공평한 처사는 아니다. 레위기 25장과 신명기 15장에 나타나있는 땅의 재분배에 대한 공식은 비록 혈족 간에서 이루어진 것이지만 살아있는 사람들에게 지난 50년 동안 잃었던 땅을 다시 소유할 수 있도록 실제 **문자적으로**literally 적용되었다. 외부사람들의 필요를 충족시키는 것이나, 땅이 없는 가족들의 필요를 만족하게 해 주려고 이루어진 것은 아무것도 없었다. 따라서 여러 세기 동안 지키지 않다가 갑자기 이를 다시 제도화할 수 있는 성격의 것은 아니다. 나는 '이사야' Isaiah 61:1가 의미하는 것조차도 레위기에 기록되어 있는 규칙들에만 문자적으로 적용된다고 하는 것에 대해 의구심을 갖는다. 기록된 약속을 성취하겠다고 주장하셨을 때눅4:18~21, 예수께서도 그런 의미로 말씀하신 것으로 보이지는 않는다. 토라에서 가장 좋은 이미지를 사용한, 이 두 성경구절에서 기름을 부음을 받은 자the annointed one

란 경제적이면서 개인적인 안녕을 가져오는 사람이었으며, 그 형태가 어떠하든지 메시아의 시대를 위해 취해진 것임이 분명하다.

더 넓은 세상을 위한 우리의 비전 안에서 결론을 짓자면 희년의 메시지는 결코 현실적이지 못하다. 자본주의를 포함한 모든 경제적 질서에는 어떠한 용서의 범주들과 빚을 면제해주는 것들이 포함되어 있어야 한다. 우리 사회 속에 존재하는 이러한 형태 중의 하나가 이자가 적거나, 아예 이자가 없는 무이자 대출이다. 공공의 도로, 학교, 그리고 복지를 위한 후원 자금이 또 다른 예이다. 국제적인 규모의 형태로써 최근 여러 해 동안 국제 은행들이 함께 노력함으로써 수억 불이나 되는 빚을 면제해 주었던 것이 좋은 예이다.

한 지역구와 이웃들이 이와 비슷한 일을 할 수 있을까? 그것이 반문화적 모델을 만들어 내는 것이든, 법을 고쳐나가는 것이든, 혜택을 받지 못하는 사람들을 위해 '자유로운 규칙'을 제공하는 것이든, 이익의 기준을 깨는 그룹을 위해 기본적인 규칙들을 마련하는 것이든, 희생자들을 변호하는 것이든, 혹은 또 다른 어떤 해결책이든, 경제적 차별을 극복하기 위한 가장 적합한 방법은 지역에서 일어나는 일을 잘 식별해 보는 것이라 할 수 있을 것이다.

기독교인의 소명과 '창조 질서'

폭넓게 형성된 "소명에 대한 개신교의 교리"라고 부르는 관점으로 보자면, 우리가 가진 기독교의 소명과 창조질서에 대한 논의는 더욱더 먼 길을 돌아가야 할 것이다. 소명과 관련된 통상적인 형태에 접근하기 위해 얼마나 충분하지 못한 모습을 보여 왔는지 살펴보아야 한다. 개신교는 사회적 사상으로써 소명을 역할과 제도로 보는데 이것이 소명에 대한 개신교 교리의 표준화된 시각이다. 이러한 개신교 사상은 그리스도인의 '직업적'vocational 역할을 자신이 좋아하는 의향, 성실성, 근면성, 그리고 자신이 용서받은 죄인임을 알기 때문에 느껴야만 하는 겸손함과 연결하게 하도록 가정한다. 그러나 그 사람이 실제로 행해야 하는 그 무엇으로써 '직업'vocation이나 '지위'station 혹은 '임무'office로써 그 사람이 행하는 활동의 내용이 예수를 믿는 자신의 믿음과 신앙에서 오는 것이 아니라 '창조의 질서'order of creation에서 온다고 생각하게 한다. 하나님께서 그러한 방식으로 기관들을 만들었기 때문에, 그들이 현재 구성하는 기관들은 사회의 모습 속에서 하나님의 뜻을 드러내는 것이라고 이해한다. 이것이 바로 사람들이 사회의 형태를 '창조 질서'라고 부르는 이유이다. 더 나아가 각 사람은 '지위'station 혹은 역할에 따라 살도록 부름을 받았다고 이해한다.

이러한 견해를 따르다 보면 세속사회에서 그리스도인의 맡은 소임과 섬김은 복음으로부터 직접적으로 남는 중요한 명령을 거스르는 가운데 보호받는 모습이 되고 만다. 어떤 루터교 신학자들은 이러한 것을 **문화의 각 영역에 존재하는 자치성**Eigengesetzlichkeit der Julturgebiete, the autonomy of each realm of culture이라고 부르며, 어떤 보수적 캘빈주의자들은 이것을 "신적 주권의 영역"sphere sovereignty이라고 부른다. 이 '창조의 질서'에 따르면, 세례요한과 예수가 사람들에게 해야 할 것을 말했듯이, 은행업자들은 돈을 쌓아두어야만 하고 나누어서는 안 되게 되어 있다. 곧 은행의 의미는 돈을 쌓아 둘 때에 그 의미에 충실한 것이 되기 때문이다. 주인들은 다스리는 자이며, 군인들과 교수집행인은 사람들을 죽이는 자여야 한다. 왜냐하면, 세상 속에서 그들의 역할은 그렇게 정해져 있기 때문이다. 노예들은 계속 노예로 남아있어야 하며, 여자들은 지배를 받는 존재로 남아있어야 하며, 질서들 아래에 있는 사람들은 누구든 상관없이 상관을 존경해야만 한다.

권위에 대한 이러한 비전이 갖는 자연적인 영향은 '창조'라는 큰 틀을 근거로 하여 구조화되었는데, 두말할 필요 없이 이러한 것은 보수주의적이고 가부장적인 틀이다. 우리 시대에서 가장 큰 목소리들은 남아프리카와 북아일랜드의 개혁된 정치가들로부터 들려온다. 한 세기 반전에 미국은 노예제도와 관련된 엄청난 논쟁을 치렀었다.

이러한 것에 대한 복음서의 답변은 그리스도인들의 소명과 직업에 그러한 것은 없다는 것이다. 구별된 직업이나 예수를 따르는 것과 대조를 이루는 것은 없다는 것이다. 창조 질서에 대한 개념은 모두 잘못된 것은 아니지만, 죄가 세상에 들어왔기 때문에, 곧 모든 것은 타락과 불순종과 압제하에 있기 때문에 우리는 '모든 것이 제자리에 있어야 하는 정도'의 특징들 및 하나님께서 원하는 그 길이 무엇인지 올바로 식별할 수 없다는 것은 잘못된 생각이다.

만약 복음서가 이야기하는 '소명'vocation이라는 개념과 관련된 그 무엇을 올바로 정의함으로써 이러한 잘못된 생각들을 뒤집어 놓아야 한다면, 우리는 다양한 법과 공동체를 위해 직업적으로 일하는 사람들과 함께 상호 책임을 지도록 함께 함으로써 소명에 대한 그러한 관점에 순응하지 못하도록 하는 개인주의와 온갖 압력들을 근절시켜야 한다. 이러한 일들은 복음서를 거스르는 그 어떤 차원의 권위를 반대함으로써 이루어진다.

'소명'에 대해 이러한 식으로 관심을 두는 것은 우회의 길을 걷는 것처럼 보이는데, 이는 공동의 식사 혹은 경제적인 것들을 특별하거나 혹은 유일한 것으로 적용하지 않기 때문이다. 이는 기독교 사회 윤리에 존재하는 모든 것에 전면적으로 도전하는 것이다. 은행의 예는 아주 특별하면서도 적절한 예라 생각하기에 여기에서 언급하였다. 전쟁, 가부장적 가족 형태, 그리고 (예전에 문제가 되었다고 잠깐 암시했던) 노예제도는 '교정이 필요한' 또 다른 예들로서 우리가 같은 범주에 넣고 다루어야 할 것이다. 그리고 우리가 다루는 현 주제의 범위를 넘어서고 있지만, 이러한 문제들은 우리가 연구하는 사회적 소명과 전통적인 '개혁주의'의 사회적 소명이 제시하는 비전과 어떤 차이가 있는지 좀 더 명확한 논리로 설명해 주는 것들이다.

만약 지금 다루는 소명에 대한 교리를 사회적 비전과 실행이란 측면에서 교정하고자 한다면, 그리스도인 은행가 혹은 재무업자들의 특별한 사역은 현실적인 활로를 찾게 될지 모르겠지만, 희년이 주창하는 대사면을 기술적으로 시행할 만한 유토피아적 방법은 실현할 수 없을 것인데 사람들은 이를 따를 것이다. 그리스도인 부동산 소개업자나 개발업자들은 사람들의 필요에 따라 집을 짓는 방법을 찾을 것인데, 사람들은 이를 따를 것이다. 그리스도인 판사들은 갈등 해결의 과정에 법정 시스

템을 열게 될 것이며, 더욱더 많은 소송을 거는 일을 피하게 될 것인데 이러한 방법은 이미 시행되고 있다. 각 전문 영역에서 일하는 과학기술 직업군들은 오래된 폐허 속에서 새로운 세상을 건설하는 모습들을 힘입어 각 영역에서 요구된 통치권을 강화하려 들겠지만, 저임금 노동자들로 전락할 것이다. 침례세례는 사회적 소명의 표지 중의 하나이며, 집을 공개하는 모습도 그럴 것이다. 성찬식도 이러한 표지 중 하나이며, 가난한 사람들을 먹이는 것도 그렇게 될 것이다. 전통적인 '개혁주의'의 사회적 소명이 우리가 연구하는 사회적 소명보다 더 '실재하는 것'이라고 할 수는 없을 것이다.

---

1) 이를 강조하기 위해, 나는 독자들에게 신약성서의 이해를 위한 나의 관심이 성미가 까다로운 근본주의자들의 것과 다르다는 사실을 상기시키고 싶다. 솔직히 말하자면 나는 신약성서 구절들이 원래 의도했던 바대로 우리의 믿음과 실행에 성서가 올바른 역할을 하도록 도와야 한다.

2) 레위기 25장과 신명기 15장에 기록되어 있는 희년에 관련된 내용은 나의 책, 『예수의 정치학』(IVP 역간)(Politics of Jesus) 3장 115~130쪽에서 설명하였다. 이 주제는 이 장 끝에서 다시 다룰 것이다.

3) 여기에서 헬라인(Hellenist)은 킹 제임스 성서가 기록하는 것처럼 '그리스인(Greek)'을 의미하기 보다는 그리스 말을 하는 유대인들, 소위 말하는 팔레스타인 지역 밖에서 살며 그리스 말을 언어로 사용하던 유대인들을 말한다.

4) 우리는 이 책의 5장에서 성령 하나님께서 어떻게 의사 결정을 위한 대화를 이끌어 가시는지 사도행전 15장을 통해 다루게 될 것이다.

5) 많은 학자와 목회 신학자들은 성찬식(Eucharist)의 '식사'라는 차원을 부각시키기 시작했다. 추천하고 싶은 참고자료가 많지만 여기서 나는 최신의 문헌을 소개하기 보다는 아주 오래된 문헌인 노르만 폭스(Norman Fox)의 『매일 식사 속에서의 그

리스도』(Christ in the Daily Meal, New York: Fords, Howard and Halbert 1898)와 아서 코크린(Arther Cochrane)이 지은 『예수와 함께 먹과 마심』(*Eating and Drinking with Jesus*, Philadelphia: Westminster, 1974)이라는 두 권의 책만 소개한다.

6) 나는 모든 사람이 '자신들의 창조주에 의해 부여받았다는 양도 불가능한 권리들' 이라는 개념을 가진 '계몽주의'의 부적합성에 대해 이미 언급한 바 있다.

7) 웨인 라이트(Wainwright)의 『성찬식과 종말론』(*Eucharist and Eschatology*) 참고.

8) 필립 할리(Phillip Hallie)의 『무고한 피를 흘리지 않으려면』(*Lest Innocent Blood Be Shed*) 참조

3장 세례와 새로운 인류

사도 바울은 선교사로서 그의 특별한 정책에 대하여 설명해야 했다. 원칙상, 그는 유대인과 이방인들을 같은 공동체의 구성원으로 받아들여 함께 먹고 함께 예배하였다. 그러한 정책은 양쪽으로부터 심한 비난을 받게 되었다. 그러한 비난과 논쟁이 한창 진행되는 가운데, 고린도에 있는 사람들에게 편지를 썼다. '만약 누구든지 그리스도 안에 있으면, 새 세상이로다. 오래된 모든 것은 지나갔으니 보라! 모든 것이 새롭게 되었도다! 고후5:17, **1)**

성서New English Bible는 "새 세상이로다"There is a new world라고 표현함으로 이 성경구절을 아주 잘 번역해 놓았다. 새로운 그 무엇은 온 세상whole world 이거나 모든 창조물creation을 말하는 것으로 단순히 [우리가 종종 듣는 '피조물' creature인] 어떤 개인을 의미하지 않는다.2) 사실 이 구절 바로 전에 있는, 바울의 글은 다음과 같다.

> 그리스도의 사랑이 우리에게 선택의 여지를 남겨놓지 않으셨습니다.…
> 한 사람이 모든 사람을 위해 죽으셨음을 우리가 확신합니다.
> 그러므로 모든 사람이 죽은 것입니다.
> 그리고 그가 모두를 위해 죽으셨으므로 살아있는 사람들은 더는 자신
>   들을 위해서 살아서는 안 될 것입니다….
> 그러므로 우리가 가진 세상의 관점으로 어떤 사람에 대해 우리가 평
>   가하는 것을 멈추고,
> 마치 이전에는 우리가 그리스도에 대해서도 세상의 관점으로 알았지만,
> 이제 더는 그렇게 하지 않습니다. 고후5:14~16절

이 성경 구절이 가져다주고자 하는 구체적인 사회·기능적인 의미는 계급과 계층에 의해서 구분되는 우리 각자가 사회로부터 물려받은 여러 가지 설명들은 더는 기본이 아니라는 점이다. 침례세례는 사람들에게 새로운 사람을 소개하고, 이들을 구성원으로 가입시키는 행위이다. 이 사람들에게서 발견할 수 있는 특징은 이들이 이전에 가졌던, 혹은 이들이 선택했던 정체성에 대한 모든 한계를 초월했다는 것이다. 이 성경구절에서 바울은 선교 정책을 변호하고 있는데, 사실 바울은 유대인과 이방인들이 함께 기도하고 함께 먹도록 한 이 정책과 원리 때문에 아주 혹독한 공격을 받았다.

성서NEB에 '세속적인 기준들'이라고 한 번역은 '인종적으로'ethni-cally라고 더 정확하게 표현되어야 했다. 16절에 있는 '카타 사르카' *kata sarka*라는 문구는 문자적으로 '육체에 따르면'이지만 '인종적으로'라는 의미이다.

사실상 바울은 갈라디아 교인들에게도 비슷한 편지를 썼는데, 그리스도 안에서 침례세례를 받은, 너희는 종이나 자유자나, 남자나 여자나 그리스도로 옷 입혀졌다. 곧 너희는 그리스도 예수 안에서 모두 하나다. 갈3:27, 28 저자의 번역 이 새로운 연합은 같은 문단에서 "그리스도 안에서"in Christ, 갈3:26 하나라고 설명되어 있으며 "자녀들"children 혹은 "아들과 딸들"sons and daughters, 갈3:26; 4:5~7그리고 "새로운 창조"new creation, 갈6:15로 설명되어 있다. 갈라디아서 3장을 읽을 때, 이 "새로운 창조"라는 구절은 침례세례식이 어떠해야 하는지에 대한 분명한 설명이다. 이 문단은 갈라디아에 있는 교회에 아주 특별한 목회적 도전이 되었던 상황, 곧 유대인과 이방인을 인종적으로 어떻게 이해할 것인가 하는 아주 구체적인 변화를 요구하는 질문으로 제기된다. 그리고 이때 바울이 취했던 반응과 태도를 분명히 보여주고 있다.

에베소서 2장에도 **평화**와 **새로운 인류**라는 명사를 사용하면서 같은 설명이 나타나 있다. "그는 우리의 평화이시다. 이방인들과 유대인들, 그는 이 둘을 하나로 만드셨다. 그리고 그들 사이를 둘로 나누었던 벽처럼 존재했던 반목을 그 자신의 몸인 육체와 피로 부수었다. 그가 둘 가운데서 하나인 새로운 인류를 그 자신 안에서 창조하여 화평케 하시려고 계명과 의문의 율법을 폐지하셨다."엡2:14,15 저자의 번역

유대인과 이방인 사이의 벽은 그리스도의 죽음으로 무너졌다. 갈라디아서 3장 28절의 병행구절은 유대인-이방인의 장벽이라는 관점에 근본적인 돌파구를 요구하였고 노예, 성별, 혹은 계급이 있는 곳에 존재하는 장벽에 돌파구를 만들어 내었다. 다음 장엡3:3에서 바울은 "나의 신비"라는 특징적인 표현을 사용하면서 메시지를 전달하고 있다. 이것은 그가 자기 자신의 목회는 아주 특별한 통찰력이 요구되는 것이라고 주장하는 대목이다.3) 그러나 이러한 표현은 다인종 공동체로써 실존하는 교회가 "정사와 권세들에게 선포해야 하는"엡3:10 바로 그 메시지를 전달하고 있다.

이 세 교회에 보내는 편지들은 다른 언어로 기록되었지만, 기능적인 면에서 주장하는 바는 같다.4) 침례세례는 유대인과 이방인의 이야기들을 서로 하나가 되게 하였고 이를 축하하는 것이었다. 법이 있던 사람들과 법이 없는 사람들, 곧 세상과 담을 쌓고 살았던 사람들과 담이 없이 지냈던 사람들이 양쪽의 유산을 함께 하나로 만들어가면서 한 공동체를 이루게 되었다. 우리가 이미 살펴보았듯이, 이는 신자가 되고자 하는 사람이 '새로운 인류', '평화' 그리고 '새 창조'라는 서로 다른 표현과 '그리스도 안에서' 서로 알아가며 하나가 되는 것과 '인종적으로' 서로 알아가며 하나가 되는 공식적 고백이며, 모든 인류는 동등하다고 인정하는 방식으로써 침례세례식을 설명하는 것이다. 이 새로운 신분은 새로운 종류의 사회관계이자, 이전에 서로 분리되었던 사람들(유대인/이방인, 남자/여자, 종/자유인)로서 차이를 끌어안는 새로운 연합이다.

서구 문화를 지배하는 개인주의로는 이러한 비전을 도저히 충족시킬 수 없다. 세상을 지배하는 시각으로 볼 때, 인류 안에 존재하는 분열들은 자기가 속한 그룹의 특별한 정체성을 뒤로하는 사람들이 '용광로' 안으로 들어와 개인적인 분파들을 모두 합치려고 할 때 극복될 수 있을 것처럼 말한다. 그러나 바울이 했던 것과는 달리 이 용광로의 비유는 각각 분리된 공동체의 정체성들을 화해시키는 내용을 포함하고 있지 않다.

우리 각 사람은 개인적으로 태어났고, 개인적으로 침례세례를 받고, 그 결과 모든 거듭난 사람들은 한 장소에 모여야 하며, 하나님의 명령을 따라 서로 사랑하며 교회를 개척하고, 서로 차별해야 이유가 더는 없다고 말하는 것만으로는 충분하지 않다. 바울은 그런 것보다 더한 것을 요구하고 있다. 곧 그는 아주 다른 두 그룹의 사람들이, 두 문화가, 두 개 서로 다른 역사가 새로운 인류, 새로운 창조로 흘러가야 함을 말하고 있다. 그러므로 이 질서는 우리 현대 사회가 기대하는 것들을 거꾸로 뒤집어 놓는 것일 수 있다. 여기에는 서로 다른 인종 간의 새로운 사회가 실재하는데, 새로운 사회는 모든 사람의 총합이 되는 사회적 실재로 각 사람을 안내할 것이다. 이렇게 새로운 사회 구성원이 되는 것은 개인적이며 주관적인 신앙을 자극할 것이지만, 개인의 내면적 믿음의 결과가 되지는 않을 것이다. 오히려 진리는 역사를 움직여 나갈 것이며, 여러 문화와 기관을 창조해낼 것이다. 그렇다고 이 진리는 자신을 증명하기 위해 결과나 영향력에 의존하지 않을 것이다.

우선 바울의 비전은 어떤 전략 안에서 효력을 발생하는 아이디어로 공동체를 형성하는 것이 아니다. 에베소서 3장에 기록된 것처럼, 오히려 그것은 자기 자신의 독창적인 신념들과는 실제로 반대되었던 목회, 곧

신의 섭리에 이끌려서 진행되었던 바울의 목회로부터 도출된 교훈이었다.5)

바울과 관련된 사도행전의 내용 중 이방인들과 관련된 두 가지 사건이 기록되어 있는데 첫 번째 것이14장 루스드라Lystra에서의 사건이고, 두 번째 것이17장 아테네Athens에서의 사건이다. 바울의 메시지는 유대인의 하나님이 그의 청중들이방인들을 이미 진행하고 계신 약속의 이야기, 곧 유대인의 이야기로 초대하고 있다는 것이었다. 하나님은 예수 그리스도와 그의 부활에 의해 이 일을 이루셨다고 설명하고 있다.6) 바울은 그의 세부적인 설명을 신의 섭리를 따라 해석해 나갔다: 서로 다른 사람들이 왜 함께 살아야만 하는지 설명하기 위해 어떻게 모든 인류가 하나의 혈통으로 만들어지게 되었는지, 어떻게 하나님의 뜻이 모든 나라에 나타나는지, 그리고 어떻게 유대 설교가들이 이방인 청중들 앞에서 그렇게 '열정에 사로잡힌 사람들' 이 되어 예수에 대하여 선포할 수 있었는지를 설명해 나갔다. 다시 말해, 여기서 바울은 유대인의 세계관을 비유대인의 언어로 이방인들에게 전달하였다. 이러한 선포의 배경에는 메시아적 선언이 있었다. 그러므로 비록 그 언어는 전혀 다르지만, 사도행전에서 가로막혀 있던 장애물들을 극복하는 모습은 본질적으로 에베소서와 서로 병행구조로 되어 있다고 보아야 한다.

우리가 이제 논의하고자 하는 고린도후서의 본문은 더 논쟁의 여지가 많다. 여기에서 언급되는 '새 창조' 는 자신에 주어졌던 혹평에 대한 바울의 변호 부분으로 자리하고 있다. 그것은 이전에 사람들을 분리시켜 놓았던 민족이나 인종 혹은 '육신의' carnal 특성이나 우수성에는 더는 관심이 없고 창조의 새로움에 관심을 두고 있기 때문이다. '육신의' 특성들은 이미 지나가버린 것들이기 때문에, 방해를 받지 않고 십자가를 받아들일 수 있었다. 그리스도께서 모든 사람을 위해서 죽었기 때문에, 그리고 그를 통해 모든 사람이 살아가기에, 더는 차별이 존재할 수가 없다.

다른 단어를 사용하고 있기는 하지만, 결국 같은 내용의 병행구절이 다른 성경에 기록되어 있다. 우선 침례세례 요한이 정치인들에 의해 도전을 받았을 때, 그는 하나님께서 믿음으로 아브라함의 아들과 딸들을 만드실 것이라고 말했었다.마3:9; 눅3:8 그것이 바로 세례 요한이 외쳤던 "회개의 침례세례"baptism of repentance였고, 침례세례를 받으려고 찾아온 모든 사람을 받아들였던 이유다. 그에게 왔던 군중 속에는 깨끗하지 못한 유대인들세관원들도 있었고, 이방인들도 있었던 것으로 보인다.7) 침례세례는 그들 모두에게 새로운 출발선에 서도록 해주었다.

예수는 요한복음 8장에서 같은 말씀을 하셨고, 바울은 갈라디아서 3장에서 그렇게 말했다. 아브라함의 자손이 되는 자격은 출생에 의한 것이 아니라, 믿음에 의한 것으로 모두에게 열렸다. 유대인들이 가졌던 특별한 소유에 대해, 그리고 그들의 상태에 대해 설명하는 아주 간단하고 분명한 방법은 "골육을 따라" 아브라함을 아버지로 요구하는 것이었다. 그러나 이제는 아브라함의 자손이 되는 방법이 다른 사람들에게도 열리게 된 것이다.

이처럼 침례세례가 가져다주는 의미는 침례세례가 창조해내는 새로운 세상으로 모든 종류의 사람들을 이끄는 것이다. (후대의 역사 속에서는 이러한 것이 별로 나타나고 있지 않지만, 사도적 증언에 따르면) 교회가 바로 그 새로운 세상new society이다. 그러므로 교회는 이와 같은 방향으로 세상이 움직여 나가도록 하는 모델이어야 한다.

후대 기독교 역사는 현재 신학적으로 논의되고 있는 성례전과 관련된 질문들을 다루려고, 그리고 그 성례전에 모든 관심을 집중시키기 위하여 몇 곳의 구석진 곳으로 움직여갔다. 2세기 이후부터, 이전에 존재했던 교회와 유대인들 간의 경계는 너무 가까워졌고 그 결과 바울의 시대에 살아있던 원래 의미는 거의 불가능한 것이 되어버렸다. 5세기 이후부터는 온 세상이 황제의 칙령에 의해 기독교인이 되었기 때문에, 개종해야 하는 외부사람들이 존재하지 않게 되었다. 이러한 역사적 변화가 침례세례의 한계를 극복하고 경계를 넘나드는 모습이 아닌 그룹 내의 정체성을 강화시키기 위한 입교식의 잔치로 만들어 버렸다. 그렇게 되자, 침례세례 예식이 무엇인지 토론하기 위한 새로운 신학을 개발해야 했고, 더 나아가 필요하지도 않은 유아들을 위한 세례가 자연스럽게 논의되었다.

이러한 것에 올바로 답변을 하려면 침례세례에 대한 '성례전적'sacra-mentalistic 이해를 발전시켜야만 했다. 이러한 새로운 신학은 많은 자료를 끌어모았고, 그들 중에 어떠한 것들은 이미 기독교 전통 안에 널리 알려진 것들이기도 했다. 그 외의 다른 것들, 특히 사람들의 몸 안에 태어나면서부터 존재한다는 '원죄'와 같은 개념은 이방인들의 철학적 이해로부터 차용되기도 했다. 그렇게 되자 '성례'는 원죄와 관련해서 구원을 정의할 수 있게 되었고, 이는 거룩한 물로 죄를 씻어주는 상징적인 예식으로써 각 개인을 위해 꼭 필요하다고 상정하게 되었다. 침례세례가 이러한 의미로 이해된다면 이미 언급된 사람들과 각 계층 간에 존재하는 장벽들을 무너뜨릴 이유가 존재하지 않는다. 성례는 새로운 시대를 전혀 필요로 하지 않는다. 그것은 세례를 받을 필요가 없는 새로 태어난 유아들에게 세례를 주지 말아야 한다고 주장할 분명한 이유조차 없게 만들었다. 모든 사람에게 강제적으로 실행했던 중세 시대의 침례세례가 잘못되었다고 할 이유가 없게 되어 버렸다.

'성례전적' 관점과 대조하여 볼 때, 우리가 '르네상스'라고 부르는 시대에 다른 관점들이 발전한 것은 오히려 자연스러운 일이다. 인간 본성에 자리하고 있는 이성을 중심으로 성례전을 비판적인 시각으로 다시 보아야 한다는 움직임이 일어났는데, 이는 '성례전'이 정말로 의미하는 것이 무엇인지를 인식론 혹은 '중요성'이라는 주제 아래 살펴보게 한 새로운 접근 방법이었다. 예를 들어 예수께서 최후의 만찬(에서 "이것은 내 몸이다"This is my body라고 말씀 하셨을 때, is라는 단어가 의미하는 것은 '나타낸다' signifies는 것이었다. 이처럼 침례세례를 올바르게 이해하려면, 우리가 지적으로 아는 상징 너머에 존재하는 이 '나타낸다'는 의미를 올바로 이해해야 한다. 이러한 관점은 1519년 초, 스위스의 취리히에 있었던 종교개혁 지도자인 홀드리히 츠빙글리Huldrych Zwingli가 처음 제기했다.8)

츠빙글리주의란 상징적인 행동을 줄여나가는 대신 실제로 메시지가 생활에 적용될 수 있도록 끊임없이 노력해온 전통으로, 올바른 균형감각을 유지하기 위해 성경의 메시지를 일상의 언어로 잘 번역하고자 노력하였다(실제로 말씀이 잘 번역되어야 '우리가 무엇을 해야 하는지' 잘 알 수 있다). 침례세례를 일상적인 언어로 해석하는 이러한 방법은 실제로 급진주의적 츠빙글리안들이라고 볼 수 있는 대부분의 침례교인 Baptist에 의해 이미 널리 알려졌다. 만약 침례세례를 받는 사람이 개인의 내면적 경험인 거듭남의 새로움을 지적으로 '고백'함으로써 자신의 신앙을 외적으로 **나타내는** 상징이라고 한다면, 강제적으로 침례세례를 받게 하는 것을 거부하고 유아세례를 반대하는 것은 논리적으로 옳은 것이다. 그렇지만, 여전히 '침례교인'들의 관점은 그들이 설명하고자 하는 인류평등주의를 자연스럽게 담아내지 못하는데, 이는 이들의 관점이 사회적인 행동이라기보다는 상징적 행동이기 때문이다. 상징적 관점으로는 세상을 새롭게 만들지 못한다.

한편, 우리가(신성한 성례전적이 되든 츠빙글리안적이 되든) '성례전적' 실재라고 부르는 그 무엇을 부활시킬 가능성은 다분하다. 우리가 이전 장에서 살펴보았듯이 이러한 이해에서 함께 빵을 떼는 것은 경제적인 행위이다. 그러므로 침례세례Baptism is는 새로움과 함께함의 의미를 이미 존재하는 사회계층화 및 계급화와 명쾌하게 상대화함으로써 새로운 사람들을 만들어 나가는 **것이다.** 이렇게 될 때, 우리는 교회 안과 밖의 구분 안에서 인종 간의 평등이라든가 인종 간 화해의 길도 필요 없고, 논쟁의 한계도 필요 없고, 임의대로 작성한 진술(예를 들어, "기호 'x'가 의미하는 것은 ~라고 합시다"라는 식의 진술)도 필요 없다. 그러려면 우리는 인류평등이 이러한 예식적 행위 속에서 통상적으로 무엇을 의미하는가 하는 점에서부터 시작해야 한다.9) 그렇다고 침례세례가 주술적이거나 마술적인 성례주의로 퇴보하는 것을 억지로 막을 필요는 없다.10)

교회를 넘어선 상호 인종적 포용

본질적으로 교회 멤버십의 범주를 넘어서는 메시지로써 인류가 하나임을 인정하는 모습을 제대로 보려면 상상력이 필요하다. 인종을 초월하는 연합은 더 넓은 사회에 적합한 것이며, 항상 그렇게 되도록 노력할 필요가 있다. 그러나 복음에 기초하기보다 인류의 연합을 위한 사례를 만들어 내는 것이 더 가능하다. 이웃들과 함께 잘 지내기 위한 수많은 종류의 논쟁은 전 세계에 분포하는 인도적인 분위기 속에서 시도될 만한 것들이다. 스토아 철학자들은 모든 인간이 존엄하다는 것을 인정하겠지만, 그것이 곧 사회적 혼합을 요구하는 것은 아니다. 스토아 사상은 각 사람이 자신의 견해가 무엇인지 명확하게 식별하고 자신의 견해 안에 머물러 있도록 요구한다. 이러한 접근은 모든 인간을 '인격들'이라고 보지 않는다. 현대 개혁 신학의 비전은[11] 그것이 창조[12]에 의한 것이든 선포에 의한 것이든 각 사람의 존엄성을 위해 하나님께서 취하시는 책임에 근거해서 인권을 설명하고 있다. 따라서 이 설명은 인종적인 이슈에 대한 것은 아니다.

이 시대를 살면서, 인종주의 및 국가주의적 정체성들을 넘어서는 인간 평등을 위해 도덕적 헌신이 필요하다는 것을 우리는 잘 알고 있다. 그러나 역사적으로 현대 인류평등주의가 교회로부터 흘러나온 것이 아니라는 사실을 우리는 인정해야만 한다. 현대 인류평등주의는 침례세례의 선교적인 의미로부터 나온 것이 아닌, 주로 문예부흥의 인도주의에서 나왔다. 침례세례에 대한 교회의 논쟁은 '성례전'이 침례세례를 받는 개인의 그 무엇에 중심을 두고 있기에 막다른 골목이라 정의한다.

현대 인류평등주의의 원천이라 불리는 '문예부흥'은 각 사람이 도덕적 위엄을 갖고 있다는 사실을 인정하지만, 부분적으로 그들을 모두 동등하게 만들지는 못한다는 스토아적 유산과 연결되어 있다. 그것은 이미 위에서 언급한 것처럼 창조에 대하여 호소하는 것을 의미하기도 한다. 이러한 근거들은 모두 권리, 자유, 평등에 대한 현대 사상의 배경으로 자리하는 것들이다.

우리가 '개혁' Reformed이라 부르는 현대 신학적 비전 중의 하나는 우리가 살펴본 것처럼, 창조된 본성 중 한 가지 개념을 사회적 불평등이라고 혹평하였다. 우리가 이전에 언급했듯이, 미국의 건국 선언문은 개혁적 접근에 대한 세속적 설명이다. 그것은 "우리는 모든 사람이 동등하게 창조되었으며, 모든 사람에게 빼앗을 수 없는 권리들이 창조자에 의해 부여되었다는 자명한 진리들을 믿는다."

이러한 신념은 믿음에 대한 아주 중요한 이념적 고백이며, 미국의 건국 선언문은 혁명을 위한 고귀한 헌장이 되었다. 그러나 경험적으로 볼 때 선언문은 거짓이다. '자명하다' self-evidence는 것은 사람들이 이미 말할 필요나 확신할 필요가 없는 어떤 것에 동의한다는 의미다. 사람들이 창조되면서, 그들은 부족들로, 언어로, 나라들로, 그리고 인종들로 나뉘어 있었기 때문이다. 1860년 미국 남부, 1948년과 1988년 남아프리카에서는 창조에 대한 항소를 근거로 한 인종차별 사례들이 있었다. 보수 캘빈주의 신학을 주장한 서로 다른 두 그룹의 그리스도인들 사이의 분열이 벨페스트Belfast와 아일랜드Ireland에서 발생하였다. 이러한 것들이 바로 창조에 근거한 것이 아닌 구속redemption에 근거한 바울의 평등에 대한 메시지와 근본적으로 다른 이유이다.

창조된 모든 사람이 평등하다는 것을 누구나 다 알고 있을 거라는 생각은 오해다. 북미에 사는 사람들을 포함해서, 세상에 사는 사람 대부분은 실제로 모든 사람이 평등하다고 믿고 있지 않다. 미국의 기초를 놓은 지도자들도 "모든 사람은 평등하게 창조되었다"라고 말said은 하고 있지만, 그것은 땅을 소유한 모든 백인을 의미하는 것으로, 모든 여성, 흑인들, 인디언들과 가난한 사람들은 제외되어 있다.

인종차별주의로부터 미국제국주의를 자유롭게 하려고 한 세기 이후에 발생한 운동은 창조를 통한 평등의 개념에서 비롯된 것이 아니라, 구속이라는 복음에 의해서 비롯된 것이다. 인종차별주의는 에이브러햄 링컨의 통찰력 아래 이기심과 죄에 관해 아주 진지하게 다루었던 한 신학적 비판에 의해 입장이 강화되었다. 정의라는 언약에 관한 이 비전은 사실 미국이 그렇게 살지 못했다고 정죄하고 이를 회개하도록 촉구하였다. 실제로 노예폐지론자들의 사상과 링컨의 사상은 모두 인간의 평등한 존엄성을 우리가 태어나면서 갖게 되는 그 무엇이 아닌, 은혜의 선물로써 보았다.

한 세기 이후에 노예 해방운동을 이끌었던 것은 흑인 침례교인 마틴 루서 킹 주니어Martin Luther King Jr.가 부당하게 고통을 받은 것에 대한 화해라는 충격적인 방법이었다.

침례세례와 선교mission

이제 우리 시대가 가진 사회 윤리적 문제로써 침례세례가 의미하는 것이 무엇인가 하는 주제로 돌아가고자 한다. 그 주제를 다루기에 앞서 우선 침례세례에 대한 선교적인 실행에 대한 현재의 쟁점들이 어떠한 것들인지 간략히 알아보는 것이 좋을 것이다. 이것은 우리가 다루는 주제가 여전히 우리의 연구내용보다도 훨씬 더 넓게 관련되어 있다는 사실을 확인시켜줄 것이다. 교회가 보이는 선교에 대한 이해는 오늘날 에큐메니컬 신학에서 공식적으로 정리되지 않은 토론 주제이다. 어떤 사람들에게 교회가 해야 하는 일이란 세계 모든 사람이 새로운 소식으로써 복음을 받아들이고 이에 반응하는 방식, 곧 예수의 호의를 받아들일 것인지 말 것인지 결정하도록 도전하는 식으로 복음이 들려져야 한다는 이해가 제일 나은 방법이다. 그들이 믿는 이러한 결정은 믿는 사람 자신을 전통적으로 잘못 번역한 고린도후서 5장 17절의 주체인 새로운 피조물로 본다는 것이며, 그 결과 '새로운 사람' 은 다른 죄로부터 자유로운 것처럼 인종차별로부터도 자유롭게 될 것이라 믿는다.

물론 이렇게 주장하는 사람들과 적절히 의사소통하거나, 이러한 내면적 변화를 체험한 사람들과 올바로 소통하기 위하여 보다 폭넓은 사회 구조적인 메시지가 필요하다. 그러나 단순히 사회적 차원 자체가 메시지는 아니다. 일단 개인이 새롭게 변화되면, 그 새로움은 사회적으로 표현되어야 하며, 이러한 사회적 표현은 대개 다른 사람들이 표현하는 방식을 모방하게 된다. 이 관점을 위해 '독창적인' primary 것과 '모방적인' derivative 것을 비교하는 것은 참 중요하다.

한편, 지난 세대에 있었던 논쟁을 살펴볼 때, 기독교 선교는 하나의 특별한 메시지나 목회에 매달리기보다 온 세상을 위해 하나님께서 마치 시기 원하시는 모든 것을 이루려고 가능한 모든 것에 관심을 두었다. 이러한 선교 방식에 따르면, "하나님께서 세상의 인간을 만들기 위해 하신 그 무엇"13)은 어느 지역에서 누가 이루어내든지 간에 해방과 능력을 부여해주며, 이로써 이루어지는 일을 관찰하고 축하하는 것에 의해 분명하게 식별될 수 있다고 믿었다. 이러한 신적인 일의 과정들이 어떻게 진행되는지는 식별될 수 있고, 또한 사람들의 결정과 내면성 혹은 교리적 내용을 고려한 독립성을 드러내 준다. 여기에는 어떠한 특별한 신앙적 내용이 있을 필요가 없다. '선교' mission는 단순히 우리가 신적인 일의 과정에 보냄을 받았고 그렇게 경축하는 것만을 의미한다.

여전히 많은 사람에게 사회적제도적으로 이해되고 있는 '교회의 선교' 란 모든 문화 특히 이전에 한 번도 선교가 일어나지 않았던 곳에서 생명력 있는 교회 공동체를 개척하는 것이어야 보다 실제적이 된다. 그렇다면, 만약 인종적으로 분리되어 있고 방어적인 사람들을 받아들이는 것에 의해 교회개척과 성장이 이루어지고, 단일문화에 사는 사람들이 자신들의 문화적 방식을 포기하지 않는다면 어떻게 될 것인가?14) 하는 질문이 생긴다. 그러한 윤리적 타협의 대가는 아마도 교회의 성장을 담보로 할 만큼 가치가 있을 것이다.

기독교의 선교에 대해 그리고 선교단체들을 어떻게 운영할 것인가 하는 것에 대해 현재 광범위하게 진행되는 토론들은 이러한 다양한 이해로부터 나온 것들이다. 우리가 아직 논의하지 않은 바울의 선교에 대한 이해는 위에서 언급한 모든 것과는 판이하다. 메시아의 시대는 시작되었다. 바울이 외친 것은 단지 이 사실 뿐이었다. 그는 메시아의 시대가 마치 이를 달성하기 위한 자신과 자신의 독자들을 위해 존재하는 것처럼, 메시아의 시대를 실현하고자 억지로 노력하지 않았다. 그들이 한 것은 단지 메시아의 시대가 왔다는 것을 선언한 것과 이를 기뻐한 것뿐이었다. 메시아의 시대가 시작되었기 때문에, 성, 예식, 인종, 혹은 경제적인 차이들이 새로운 실재 안에서 지배를 받게 된 것이다.

이러한 선언 속에 담긴 진리는 예수의 잔치에 참여할 소수의 청중에 의해 울려질 반향으로써 보이겠지만, 진리로써 선교는 그 반향에 의존하지 않을 것이다. 그 선포된 진리는 믿음의 공동체와 그 공동체를 넘어서는 결과로 나타나게 될 것이며, 엄청난 문화적 파동을 만들어 낼 것이며, 이전에 없던 새로운 역사를 만들어낼 것이다. 그러나 그 진리는 그 결과에 따라 검증되거나 결과에 의존적이지 않다. 다만, 진리가 선포될 때, 메시지는 사람의 내면세계와 외면세계를 모두 변화시킬 것이다. 그렇지만, 사람들의 변화가 메시지 자체를 변화시키지는 못할 것이다. 그 메시지란 그리스도께서 세계 역사의 새 장을 여셨다는 것이다. 그 새로움의 주요한 특성은 지금 역사 속에서 일어나는 것으로써 '새 세상' 혹은 '새 인류' 라고 부르는 사람들의 그룹이 있다는 사실이다. 이것은 전혀 과장된 것이 아니다. 우리는 이 새로운 나라의 형성이 창조와 섭리의 질서에 의해 고정되었던 이전의 영역들을 부수고 있음을 보면서 세상이 시작되었다는 것을 다시금 확인한다.

우리는 바울과 관련된 세 가지 성경 본문을 읽으면서 이번 장을 시작하였다. 사도행전은 시작부터 같은 이야기를 다른 언어를 사용하여 우리에게 들려주고 있다. 사도행전은 사도들이 일명 '대위임령' Great Commission, 15) 이라고 부르는 것을 기억했었다거나, 대위임령에 의식적으로 복종해야 함을 기록으로 남기고자 한 보고서가 아니다. 사도행전의 시작 부분에서 우리는 제자들이 잃어버린 상태에 있었던 사람들을 전혀 생각지 못했으며, 사람들에게 마음을 열지 못하는 모습들을 발견할 수 있다. 사도행전 처음에는 제자들이 함께 모였던 어떤 집회 이야기가 먼저 나온다. 열두 명의 제자가 대위임령을 기억해 낸 것은 사건 발생 얼마 뒤였다. 대위임령을 기억하고 나서 그들은 누군가를 '보냈다.' 그 집회에 대한 적절성을 위해 신학적인 설명을 하고 있다. 대개 신학적인 설명은 사건에 뒤따라 나오는데, 이는 항상 신학이 사건이 있고 나서 이를 설명하는 것이기 때문이다. 그 열두 명의 제자들에게는 대위임령에 복종할 계획도 제대로 서 있지 않았다. 제자들은 부활하신 주님에 대하여 이야기하였고, 자신들의 집에서 함께 모여 빵을 떼었고, 그 결과 자신들이 우선 헬라파 유대인들과 함께 있었던 것을 발견하게 되었고, 더 나아가 이방인들과 함께 있음을 알게 되었다. 그때 함께 모였던 집회에 의미를 부여하는 사건과 더불어 신학이 펼쳐진다. 사건에 이어 신학을 점검하고, 그 신학을 이끌어 가려면 교회의 질서를 다시 조정해야만 하는 일이 생겨났다. 선교활동은 그 이론에 앞서 있었다.

이러한 관찰은 현재 한창 진행되고 있는 '교회 성장' 및 문화적 동질성cultural homogeneity, 16)에 대한 논쟁에 어떤 지침을 제공해 준다. 예를 들어 만약 사람들이 더욱 쉽게 메시지를 받아들인다면 굳이 사회정의라는 이슈를 들먹이지 않도록 선교적 메시지가 수정되어야만 하는가 목표로 삼은 청중들의 선택을 좌우하기 위하여 메시지를 청중이 듣기 좋도록, 그리고 그 메시지를 받아들이기 쉽게 구성할 사회과학적 요소들에 호소할 필요가 있는가?17) 이러한 질문의 논점은 대개 '성장'이 양적으로 기술되어야 하는가 아니면 질적으로 기술되어야 하는가 아니면 또 다른 방법이 있는가 하는 문제와 직접적인 관련이 있다.

수많은 논쟁이 활발하게 진행되더라도 잘못된 질문은 언제든지 주어질 수 있다. 한편, 사회적 실천을 따르는 내면적인 사람들을 위한 메시지와, 또 다른 한편인 사회적 프로그램 사이에서 양자택일을 해야만 하는 식으로 질문해서는 안 된다. 우리가 보는 1세기의 이야기는 복음이 인종과 문화적 상황들에 대한 설명을 아주 분명한 목소리로 들려주고 있다. 인종적 상황을 고려하는 것의 중요성은 질적이며, 문화적으로 같은 그룹들로 모여 있는 한계를 극복하는 것으로 구성된 것으로 누구의 비준이 필요한 것은 아니다. 만약 사람들과 문화 사이에 화해가 일어나지 않는다면 복음의 진리는 진라가 선포되는 장소에서 자신을 스스로 증명하지 못하는 것이 된다.

다음의 질문은 어떻게 이 메시지가 신앙 공동체를 넘어서 세계로 흘러가게 할 수 있는가 하는 더 폭넓은 질문이 될 것이다. '새로운 창조'로써 교회의 질적인 면이 그리스도인들로 하여금 옛것에 속한 창조물들 그리고 요한이 '세상'이라고 말한 대상들에게 그들이 속한 사회에서 증인이 되도록 도울 수 있는가? 몇 페이지 전에 말한 제퍼슨의 메시지와 바울의 메시지가 서로 대조를 이룰 때, 그 메시지의 범위가 인식론적이라고 추정했었는데 과연 이것은 필수적인가? 합법적인가? 이 메시지는 에베소서 3장 10절에 기록되어 있듯이,**18)** 타락한 창조물들을 지배하는 '정사와 권세들to the powers'에게 선포되는 분명한 사도적 말씀으로 작용한다. 왜 '정사와 권세들'이 청중이 되어 새로운 인류의 창조가 되는 메시지 선포의 대상이 되는가? 그것은 타락 안에서 창조된 질서의 관리인으로서 그들에게 부여된 관심 곧 사람들을 다른 사람들로부터 분리시키고 낯설게 하게 하기 때문이 아닌가?

그러므로 사도적 선언은 창조에 대한 이론이나 개인의 존엄성을 말하는 것이 아니다. 오히려 사도적 선언은 거듭남과 온전함을 일반적으로 혹은 정중히 말하는 것이라기보다는 사회적 사건들이 어떤 의미가 있는지 설명하는 것이다. 따라서 사도적 선언은 이방인들이 예수의 죽음 때문에 우리가 메시아를 고백하고 있음을 우리의 이야기 안에서 발견하고, 이러한 사실을 선포하고 설명하는 것이어야 한다. 아브라함에게는 단지 자신의 생물학적 자손들만 있는 것이 아니라, 더욱더 많은 아들과 딸들이 있다. 가족이 사용하는 언어조차도 이러한 외부인들을 받아들이려면 열리고 깨어져야만 한다. 이러한 사건은 항상 인간의 본성이 무엇인지 깨닫고 있어야 하며, 이전에 유효했지만, 지적으로 알고 있었던 그 어떤 것보다 역사적으로 하나님께서 일하시는 그 행동에 모든 것이 기초하고 있음을 고백하는 것이다. 이것이 바로 아테네에서 바울이 처음으로 던졌던 질문이다. 아테네 사람들은 바울이 예수와 부활을 말할 때 두 분의 새로운 신을 소개하는 것이라 생각했다.주 7번 참고 바울은 사람들에 대한 신의 뜻이 갖는 다원성에 대해 말할 때, 부활하신 예수를 직접 보여줌으로써 자신의 설명을 끝마치고 있다.행17:30~32 다시 말하자면, 우주에 대한 그 어떤 것도 예수의 특별한 이야기와 관련되지

않은 것은 없으며, 선교의 명령을 상황에 따라서 약화시킬 이유가 없다
고 보았다.

　그러나 만약 인종과 성과 신분의 차별을 거절해야 한다고 온 세상에
알리기 위한 어떤 독특한 그리스도인 기준이나 복음주의적 기준이 있어
야 한다면, 그 기준은 마치 교회 내에 있는 우리가 단순히 세상을 뒤따
라가는 것처럼 보이는 모양새가 아닐까? 곧 세상이 우리를 가르칠 필요
가 있는 어떤 부분이 있는데도 우리 스스로 위안하고 변명하는 모습은
아닐까? 이것은 아주 중요한 질문이다. 이 질문은 콘스탄티누스 시대부
터 지난 세기까지, 기독교의 주류를 형성해 왔던 이해로써 이러한 문제
에 대한 기독교는 실제로 정반대의 반응을 보여주었었다. 사람들, 국가
들, 그리고 계급들이 따로 머물러 있어야만 하며, 남자들이 여자들을 다
스려야만 하며, 그리고 유럽 사람들이 전 세계를 다스려야만 한다는 기
치 아래, 기독교의 권위들은 창조와 섭리의 기초들을 자기 것이라고 주
장해왔다.

　이러한 것은 18세기 지적인 의구심의 문화를 창출해 낸 유럽의 합리
주의계몽운동 Enlightenment가 평등과 존엄성을 위해 일하도록 해주었다.
이와 같은 평등운동에 참가한 교회의 모습은 마치 서커스 악단을 따라
잡고자 시도하는 신출내기의 모습처럼 보였다. 그것은 시류에 편승하는
모습이었다. 비록 만민평등주의가 여러 세기 동안 방향을 잃고 지지를
받지 못하고 있었음에도, 이러한 것은 신약성서가 만민 평등주의라는
기초 위에 뿌리를 내리고 있으며, 합리주의적 계몽운동의 관점보다 훨
씬 오래 깊은 뿌리를 갖고 있다고 믿는 우리의 주장을 강조하는 모습일

뿐이었다.

간단하게 말해서 독창적인 기독교 평등주의 메시지는 창조나 섭리에 기초하는 것이 아니라, 그리스도의 사역에 깊이 뿌리를 박고 있다. 그 메시지는우리가 특별히 에베소서 2, 3장에서 살펴본 것과 같이 단지 기독교인들의 마음과 심령의 변화에 대한 적용으로부터 나온 어떤 것이 아니라, 십자가의 의미 및 이에 대한 올바른 설명의 온전한 부분으로 자리하는 것이다. 또한 그 메시지는 자신의 기호에 따라서 변화하는 그래서 서로 함께 음식을 나눌 수 있는 사람들의 몸 안에 아주 구체적인 모습으로써 드러나야 한다. 그러나 그 메시지의 비전은어떤 곳에서는 2세기 중반에, 어떤 곳에서는 조금 더 늦게 교회가 그리스 문화에 흡수되고Hellenization 로마문화에 흡수되면서Romanization 현재까지 잃어버렸던 비전이다. 이 비전은 기독교 반유대주의의 시작을 받아들이며, 유대주의와 상호작용하는 모든 기회를 단절시킴으로써 완전히 잊힌 비전이 되었다. 그때부터 유일하게 일치된 메시지는 평등하지만 분리되어 존재해야 한다는 실제로 한 식탁에서 함께 먹으라고 요구하지도 않고, 통치자나 지배자 혹은 가부장제를 나무라지도 못하는 미약한 메시지만 남게 되었다.

침례세례에 존재하는 또 다른 정치적인 차원들

인종이 다르더라도 서로 포용해야 한다는 것은 이제까지 우리가 다루어온 주제였다. 그러나 침례세례에는 우리 주변의 세상과 관련된 또 다른 '정치적political인' 차원들이 존재한다. 바울과 새로운 인류 이전에, 아니 더 나아가 예수가 이 세상에 오기 이전에, 침례세례는 회개와 죄 씻음을 의미했다. 곧 '너희는 과거를 뒤로 놓고 떠날 수 있다'는 것을 의미한다. 요한의 하나님나라의 선포는 그의 메시지를 듣는 사람들에게 새로운 삶을 살 수 있도록 해주었다. 이런 말 속에서 세속적인 연속성을 찾을 수 있는가 그리스도인들이 다른 사람들에게 '너는 변할 수 있어'라고 말하는 것은 무엇을 의미하는가?

사회 윤리가 가져다주는 기본적인 도전 중의 하나는 사회 '과학'으로부터 소위 말하는 과학적이 된다는 의미가 무엇인지 모델을 빌려오고자 하는 유혹이 존재한다는 것이다. 그리고 이것은 다시 자연 과학들로부터 과학적이 되는 의미가 무엇인지 모델을 빌려오고 싶어 하는 유혹으로 연결된다는 것이다. 이러한 과학적 모델은 성질의 불변성을 상정하고 있으며, 그래서 심령적 혹은 사회적 인과관계에 대해 유사-기계적 이해방식quasi-mechanical understandings을 증진시킨다. 이러한 맥락에서 우리는 사회적 발전과정의 모델들이 자신이 과거에 걸어온 길을 적대시하거나 거스르도록 행동하고 생각하도록 한다.

그러나 복음은 새로운 삶이 가능하다는 사실을 말해주며, 침례세례는 이를 기뻐하며 축하하는 것이다. 최소한 여러 길들 중에서 회개의 범주는 교회를 넘어서는 곳까지 미쳐야 한다. 예를 들어 이것은 비폭력의 힘이 우리의 원수들까지도 변화할 수 있는 대상으로 바라보도록 하며, 우리가 언제든지 행동할 수 있도록 준비해야 하는 능력이라고 말한다. 비록 간디가 잘 알고 있던 그리스도인들 가운데서 직접 배운 것은 아니지만, 톨스토이를 읽으면서 비폭력의 힘을 배웠다. 이미 위에서 살펴보았지만, 비폭력 행위의 목표는 반대자들을 몰락시키거나 진압하는 것이 아니라, 자신들의 회심이 목표이다. 시민의 권리를 쟁취하기 위한 투쟁에 사용되는 비폭력적 방법들은, 비록 그러한 방법들이 별로 유효성이 발휘되지 않더라도, 유린당한 사람들의 존엄성을 높이도록 사용돼야 한다. 그러나 비폭력의 진정한 능력은 그들이 반대자의 존엄성을 보호하는 모습을 통해 더 크게 나타나야 한다. 비폭력은 박해자의 양심에 호소한다. 비폭력은 박해자의 과거와 현재의 죄성을 토대로 박해자를 대하기를 거절한다.

만약 비폭력이 단지 정의롭지 못한 수혜자들의 죄에 대하여만 호소한다면, 비폭력의 적절성과 실용적인 유효성은 다른 사람들에게 영향력을 미치기 원하는 사람들의 죄에 대한 실제적 느낌에 의존할 것이다. 어떤 인종차별주의자들은 다른 사람들에 비해 별로 죄의식이 없다. 만약 인권 투쟁의 의미와 어떤 비폭력적 행동의 의미를 찾고자 중류층 백인이 가진 죄에 대한 느낌을 기준으로 한다면, 우리는 아마도 죄에 대해 별다른 느낌이 없는 사람들에게 말을 하는 것이므로 별 의미를 발견하지 못할 수도 있다. 아마도 자신들이 저지른 억압과 학대를 오히려 의로운 행위라고 느끼는 사람들에게는 아무런 할 말이 없게 될 것이다.

반면, 만약 기독교 침례세례가 사람의 정체성, 이해, 그리고 행동에서
변화사도들은 이것을 '회개'라고 불렀다 가능하다는 것을 선포하고 이를 축하한다면, 사람들이 죄의식을 느끼는가 그렇지 않은가는 그렇게 중요한 것이 아니게 된다. 더 중요한 것은, 가해자에 대한 그 비폭력적 선언을 요구하는, 화해로의 부르심에 대한 명확성이다. 우리 중 어떤 사람에게 기독교의 침례세례를 통해 회개로의 부르심이 이미 이루어졌다면 회개

로의 부르심은 모든 사람에게도 가능할 것이다.

나는 지금 회개로의 부르심에 대한 지속성으로서 비폭력적 갈등에 대하여 설명하고 있다. 이것은 간디의 운동이나 마틴 루서 킹의 운동을 볼 때, 그들의 활동이 헌법적인 질서의 가장자리에서도 얼마든지 역할을 할 길이 있다는 것을 의미한다. 그와 똑같은 증거가 제도 내에 존재하는 여러 갈등 조정 및 갈등 해결의 기술에서도 보이는데, 이러한 기술들은 사회의 중상류층에도 적용되어야만 한다. 지난 세대의 사회과학을 살펴볼 때, 사회학자들이 사회를 이해하기 위해 '평형'equilibrium 모델을 사용하였는데, 이는 갈등과 변화를 관찰하는 방법으로서 많은 불만이 표출되었다. 하나님께서 우리에게 부여해 주신 인간의 존엄성은 우리의 공헌 여부와 전혀 상관이 없는데, 하나님은 심지어 박해를 가하는 사람에게도 이러한 인간의 존엄성을 심어 놓으셨다는 아주 분명한 원리를 인정하며 갈등을 다룬다면, 침례세례에 근거한 구속적 변화라는 놀라운 선험적 기초로 갈등을 가져갈 수 있을 것이다.

침례세례와 종교의 자유

침례세례가 의미하는 세 번째 함축적인 의미는 사회 구조와 관련되어 있지만, 이 부분에 대해 큰 관심을 기울이지 못했다. 이는 (아마도 잘못된 것이겠지만) 영어를 말하는 사회에서는 이미 잘 살펴온 것으로 생각하는 자연스런 경향 때문이다.

이미 우리는 초대교회에서 시행된 침례세례가 두 개의 문화와 두 개의 인종 배경을 가진 사람들이 화해하는 의미가 있다는 것을 살펴보았다. 그러나 다원화된 사회에서 회심한 사람에게 침례세례식의 의미는 자신을 구성원으로 받아들이겠다는 초청 메시지에 대한 응답이자 그 운동에 합류하기 원한다는 그 사람의 자유로운 선택이다. 이 운동에 가입하려는 자발적인 행동은 지금까지 침례세례에 관한 첫 관심사는 아니었다. 그러나 종교적 입장이 강한 어떤 특정한 집단에서, 자발적으로 구성원이 된다는 것은 아주 중요한 일이다.

우리 사회가 공식적으로 그렇게 하는 것처럼, 사회 질서는 종교를 자유롭게 결정하거나 지지할 수 있는 자유를 부여해 주어야 한다. 세계의 수많은 지역에서는 여전히 진정한 의미의 종교적 자유가 보장되어 있지 않다. 우리가 사는 곳에서 종교의 자유가 보장되어 있다는 것은 지난 세기 동안 세워진 하나의 가설일 뿐이다. 종교적 자유의 실제적인 의미는 단지 어떤 사람이 자신이 존경할 만한 개신교 중 하나를 선택할 자유가 있다는 것이었을 뿐이다.

종교의 자유와 종교와 상관없는 연설 사이에 존재하는 상호관계, 권위주의적 신앙과 반계몽주의자들의 신앙의 권리들, 그리고 종교의 자유가 교회와 같은 기관들에 면세를 해주어야 하느냐 마느냐 하는 것들, 그리고 다수에 의해 통제되는 학교와 미디어를 통제해야 할 범위가 어디까지인가 하는 것에 대한 논쟁은 백인 문화 속Anglo-Saxon cultures에 여전히 존재한다.19) 이미 잘 알려진 침례세례의 적절성과 복잡성 때문에 그리고 우리 사회가 그러한 실제적 불일치에 대한 권리들을 잘 방어할 것이라는 확신이 없어서 침례세례가 드러내는 두 가지 차원의 의미와 대조되는 내용은 더는 취급을 하지 않고 남겨 놓겠다.

통상적인 경향이 형태를 갖추기 시작하다

이제까지 우리는 침례세례가 선교와 정치에 끼친 공헌에 대해 질문을 하면서 초대교회의 세 가지 실천사항들에 대하여 개관해 보았다. 이제 우리는 이미 살펴보았던 기본으로 다시 돌아가 장애물을 넘어 균형 잡기를 시도해 보고자 한다. 형제애에 근거한 훈계, 목회의 다양성, 그리고 침례세례는 그들의 주제만큼이나 형태에서도 완전히 독립적이다. 초대교회의 세 가지 실천은 신약성경에서 볼 수 있듯이 분리된 사회 계층에서 비롯되었으며, 표현하기 위해 사용한 어휘도 각각 다르다. 그러나 우리의 관찰에서 볼 수 있듯이 이 어휘들에게는 서로 함께 끌어안는 공통점이 존재한다. 공통점은 우리에게 '귀납적' 논리를 향한 첫 걸음을 내딛게 해준다.

그러면 이제 우리가 다음의 두 주제로 나가기 위한 논리적 병행구조를 살펴보도록 이 세 번째 장에서 이미 함께 엮어 놓았던 실타래들을 함께 끌어당겨 보자.

A. 이 세 가지 실천사항은 모두 신앙성서에 공식적으로 언급된 것으로써 사람들이 실천할 때 하나님도 그에 따라 응답하신다. 만약 지난 여러 세기 동안 그랬던 것처럼 이 용어를 기계적이거나 뭔가에 홀린 듯이 잘못 읽지 않는다면, 이 세 가지 실천은 우리가 사용하는 언어 곧 성례전이라는 말을 정당화해준다. 때때로 나는 '성례

적인'sacramental 것과 '성례전적'sacramentalistic인 것과의 차이를 식별하는 가운데 위의 용어들을 올바로 사용할 것을 제안한다. 그렇지만, 전통적인 용어를 다른 사람에게 올바로 사용하라고 명령할 수 없다는 사실을 잊지 말아야 한다.

B. 세 가지 실천 모두는 일상적인 인간 행동의 예로써 사용되고 있다. 대화를 통해 화해하는 것, 함께 빵을 나누는 것, 혹은 두 문화가 가진 역사를 서로 융합하여 하나의 새로운 공동체로 만들어가는 것은 신비한 것이 아니다. 뭔가 비법이 있으리라는 생각은 이러한 것들의 의미를 감소시킨다. 사회학자들은 이러한 실천을 통해 일어나는 일들을 관찰할 수 있다. 그렇지만, 어떤 예식을 '올바르게' right 만들 수 있는 정확하고 거룩한 단어는 필요치 않다. 무슨 일이 일어나는가 설명하기 위해 '성례전의 신학'과 같은 제목을 붙인 어떤 특별한 연구도 필요하지 않다.

C. 세 가지 실천사항 모두에게 필요한 것이란 그 실천사항을 있는 그대로의 모습으로 만드는 것이다. 이들을 연구할 때 의미상, 미학적, 혹은 교리적으로 연구할 것이 아니라 사회학적으로 연구해야 할 것이다. 세 가지 실행 모두는 공식적이며, 믿음의 공동체를 넘어서 발견되어야 한다. 우리는 세속적이거나 다원적인 틀에 이것들을 집어넣을 수 있어야 한다.(현대의 어느 학파에 속해있는 신학자들이 가질 수 있는 주된 선입관은 어떻게 기독교적 메시지나 교회의 용어에 친숙함이 없는 일반사람들과 그리스도인들이 의사소통을 할 수 있겠는가 하는 것이다. 그것은 아마도 어떤 특정 그룹

의 사고방식 때문에 실제로 문제가 될 수 있겠지만, 여기에서 적용되지 않는 문제이다. 이 세 가지 실천사항 중 용어의 일반적인 의미를 살펴볼 때, 그 어느 것도 의식적이거나 종교적이거나 비밀스러운 의미는 없다.)

D. 세 가지 실천사항은 모두 예수 그리스도의 사역으로부터 비롯된 것으로써 신약성경에 설명되어 있다. 마태복음 18장과 누가복음 17장의 설명으로는 매는 것과 푸는 것은 이 땅 위에 계셨던 예수의 직접적인 명령이었고, 요한복음 20장에 따르면 부활하신 주님의 직접적인 명령이었다. 예수께서 나눔의 지침으로 보여주셨던 빵을 떼는 것은 그의 죽음과 다시 오심을 기념하는 행위이다. 그리스도의 죽음에 의해 에베소서 2장의 분리되었던 벽이 허물어졌고, 고린도후서 5장의 새로운 창조가 이루어졌다. 침례세례는 '그리스도 안의 존재'라는 신분을 기념하기 위해 십자가에 의해 발생한다. 많은 사람이 그렇게 생각하는 것처럼, 이러한 실행들은 하나님에 관한 세상의 더 폭넓고, 깊고, 일반적인 지식에 의존하거나 선행되지 않고, 신약성경의 가르침에 의존한다. 그러나 이렇게 예수와 함께하는 것은 성령이나 요20:22가 표현하는 것처럼 아버지 없이(너희가 땅에서 매는 것은 하늘에서 매는 것이다) 되는 것이 아니다.

이러한 것들은 우리에게 사람들이 현대 신학(현재 존재하는 어떤 고대의 신학들 내에도)에 폭넓게 깔린 염려, 곧 신약성서의 예수께 충성을 보이는 것에서 떨어질까 하는 염려가 어디에 근거하는지 깨닫게 해준다. 사람들이 이러한 염려를 하는 것은 구속 보다 창조가 우위에 있다고 확신하기 때문이다. [최근에 헬무트 리처드 니버

Helmut Richard Niebuhr, 20)가 그랬듯이] 아버지 하나님으로서 혹은 삼위로서 '하나님'을 위한 우선순위를 요구해야 할 만큼 사람들은 아들에게만 너무나 많은 관심을 둬왔다는 것을 의미한다. 때때로 이러한 관심은 서신서들과 대조되는 형태로써 복음서들 혹은 바울의 예수로 인정되기도 한다. 종종 이러한 대조는 우주적인 그리스도와 역사적인 그리스도 차이 때문에 생기는 것이기도 하다.21)

여기에서 신약성서의 예수와 하나님을 더 깊이 아는 데 필요한 고차원적이고 폭넓은 관계에 대해 추상적인 신학적 논점이 발생하기도 한다. 학문적으로 볼 때, 이것은 한 학기 동안 연구할 만한 과제이지만, 이 책에 포함할 성격의 것은 아니다. 왜냐하면, 예수와 하나님의 관계를 위에서 살펴본 본문들이나 혹은 이러한 실천에 적용하는 것이 적절하지 않기 때문이다. 그러므로 우리가 실천해야 할 복음의 다섯 가지 실천사항에 대한 인식을 변화시키기 위해 뉘앙스를 파악하는 것은 아무런 그다지 도움이 되지 못한다. 이들과 관련된 메시지가 무엇을 의미하는지 확실히 하기 위한 '인식론적 서론' epistemological prolegomena, 22)이나 변증학적 서론은 필요하지 않다.

E. 이 세 가지의 실천사항 모두가 처음부터 사회적 의미가 있다는 것은 엄밀한 사실이다. 어느 것도 내면적인 경험에 대한 설명으로써, 혹은 개념적인 정보나 사회적 의미를 간접적으로나마 보여주기 위해 이러한 실천사항이 시작된 것은 아니다. 각각의 실천사항은 처음부터 사회적, 실제적, 공적으로 이루어졌다. 본질적으로 이러한 실행예식들은, 정당화하기 위해 필요성을 증명하는 것이든, 자세

히 설명하는 것이든 어떤 복잡한 쟁점 없이, 교회의 원형prototype
으로써 교회가 실천하는 다른 예식들을 더욱 넓은 세상을 위해 연
결되도록 해주었다. 이러한 원형은 신앙의 공동체를 넘어서, 갈등
을 해결하거나 대화에 의해 무슨 결정을 하거나, 가난한 사람들을
먹이거나, 서로 받아들임으로 상호 인종적인 공동체 형성을 가능
하게 해주었다. 그들은 단지 구체적인 사회의 형태를 보인 조직으
로써 교회를 설명하고 있기 때문에 정치적이었을 뿐 아니라, 그들
이 조직을 세우기 위한 건강한 방법으로써 어떤 사회에 명령을 받
을 수 있다는 측면, 곧 더욱더 넓은 의미에서 정치적이었다.

F. 이 세 가지 실천사항은 모두 거쳐야 할 과정적 지침들을 갖고 있다
는 사실이다. 이 세 가지 실천사항들은 특별한 도덕적 선택을 하는
것보다는 어떤 질문에 접근하는 방식에서보다 더 많은 관심을 둔
다. 그들은 어떤 새로운 도전에 접근하기 위한 유연성과 쉬움을 증
진시킨다. 이렇게 하는 것은 어떤 한 가지 문화적 배경에 예속된
것으로부터 그들을 자유롭게 한다. 이렇게 하는 것은 어떤 새로운
선교적 정황 속에서 복음적 통합을 이룰 수 있도록 자유를 부여해
준다. 이 세 가지 실천사항은 복음이다. 이 세 가지 모두는 새로운
세상이 시작되고 있다는 신호이다.

1) 의미를 보다 정확하게 밝히고자 나는 영어 성경의 NRSV와 NEB의 번역을 함께 참고하였다.

2) 킹제임스 성경은 "만약 어떤 사람이 그리스도 안에 있으면 그는 새로운 피조물이다"(If any man is in Christ he is a new creature.)라고 번역하고 있다. 세상의 나머지 부분과 관련된 새로운 출생(new birth) 안에서 하나님께서 하시는 새로운 창조가 무엇인지에 관해서는 셀 수 없을 만큼 많은 논쟁이 있다. 신약성서에 개인을 의미하는 헬라어인 ktisis란 단어가 사용되었다는 증거는 그 어디에도 없다. 필립스(Phillips)와 테일러(Taylor)는 이 단어를 다르게 번역하였는데, 이 번역은 더 잘못된 단어를 사용하고 있다. 나는 '사도의 변증을 다시 살펴보기(The Apostle's Apology Revisited)' 라는 글에서 NEB번역이 올바른 사용과 다른 번역과의 차이에 대하여 그 이유를 상세하게 밝혔다. 주 4 참고.

3) 윌버트 쉥크(Wilbert Shank)가 편집한『교회 성장 연구』(*Exploring Church Growth*)라는 책의 277~284에 실려 있는 나의 글 '복음의 사회적 모습(The Social Shape of the Gospel)' 을 참고할 것. 특히 280쪽에 있는 바울의 선교/목회 방법과 그의 메시지는 서로 분리할 수 없다.

4) 본문 안에서 우리가 발견할 수 있는 의미가 우리 자신의 창안이 아니라는 점을 확실하게 하려고 연역적으로 접근한 효과적인 방법 중 한 가지는 같은 논점을 가진 단어를 사용하지 않고 다른 환경 속에서 같은 관점을 병행해서 이야기하는 방법을 종종 사용하고 있다. 나의 책, 『예수의 정치학』(*The Politics of Jesus*) 8장, 11장과 클라센의 책, 『예수의 새로운 길』(*The New Way of Jesus*) 115~134쪽에 들어 있는 '사도의 변증을 다시 살펴보기(The Apostle's Apology Revisited)' 라는 글은 이러한 해석 뒤에서 벌어지는 논쟁들을 잘 요약해 놓은 것이다.

5) 성경신학자들도 사도 바울이 직접 에베소서를 썼는지에 대하여는 확신하지 못한다. 만약 그가 에베소서를 쓰지 않았다면, 이러한 고백은 그의 목회를 통해 전해진 메시지를 가지고 그의 제자들이 쓴 간증일 것이다. 그렇다고 에베소서의 의미가 약화된다고 할 수는 없다. 어떤 성경 신학자들은 바울 자신의 저작들과 사도행전의 이야기를 억지로 일치시키려는 노력에 대해 경고했다. 어쨌든 유대인과 이방인들 사이에 다리를 놓기 위한 독특한 사역을 사도행전이 설명하고 있다고 보면 된다.

6) 사도행전 17:18-이 성경구절은 피상적인 아테네 청중들이 부활(anastasis: resurrection)이 예수가 가졌던 제2의 이방 신(foreign deity)을 나타내는 또 다른 이름이

라 생각했던 것 같다.

7) 침례세례요한의 외침을 듣고자 왔던 군인들(soldiers)은 헤롯의 예하부대에 소속되어 있는 유대인 혹은 셈족이었지만, 증오의 대상이었던 로마 정부에 속해 있던 군인들이다.

8) 우리는 이미 1장의 주 7번에서 아나뱁티스트와 연결고리가 있는 츠빙글리에 대하여 살펴본 적이 있다. 상징적인 의미를 추구하는 것을 두고 인식론적 말장난이라고 한 최초의 아나뱁티스트들은 츠빙글리를 따르던 급진주의자들로 침례세례를 상징적으로 이해하는 것보다 훨씬 진지하게 세례를 실행해 나갔다. 이들은 처음 침례세례처럼 자발적인(성인) 침례세례가 회복되도록 많은 관심을 보였고, 그 결과 자신들의 신앙 고백에 근거하여 침례세례를 받고자 박해를 받는 일도 기꺼이 감수해 냈다.

9) 그러나 우리는 한 가지 차이를 인정해야만 한다. 성찬식에서 빵을 떼는 것이 여전히 실제적인 식사와 어떤 공통점이 있기 때문에, 예식으로써 죄를 씻어내는 침례세례식과 인종을 극복하고자 하는 노력 사이의 연결고리가 분명하지 않다는 점이다.

10) 이런 의미에서 유아세례는 논쟁의 여지가 충분하다. 유아세례에 대한 논쟁은, 침례세례에 대한 이러한 이해 뒤에 따라오는 것으로써, 위에서 언급한 인식론적 '침례교' 인들의 논쟁과는 다르다.

11) 알렌 오 밀러(Allen O Miller)가 편집한 『인권에 대한 기독교적 선언』(*A Christian Declaration on Human Rights*, Grand Rapids; Eerdmans, 1977)은 개혁 전통 내, '인권(human rights)' 에 대한 해석 중 가장 탁월한 설명을 제공하고 있다. 개혁 전통은 개인들이 가진 본질적인 존엄성에 대해 계몽주의적 비전이 아닌 하나님의 말씀과 주권에 인권의 근거를 두고 있다.

12) 평등보다는 인종적 분리를 설명하기 위해 창조에 호소하는 것은 전통적인 방법이다.

13) 정의하기 몹시 어려운 이러한 슬로건들은 1963년 멕시코 시에서 개최되었던 세계 교회 협의회(World Council of Churches)의 복음주의와 세계 선교 분과 총회의 중심이 된 주제였다.

14) 예를 들어 만약 당신이 1960년도에 미시시피에 있는 백인 인종차별주의자들에게 복음을 전해야 한다고 가정한다면, 그들에게 복음의 메시지를 전하려고 격리된 모습으로 예배를 드리는 방법을 받아들일 수 있겠는가 그러한 그리스도인 교육과 경험을 강조하면서 훗날 인종차별이 극복될 것이라 기대할 수 있겠는가?

15) 처음 두 세기 동안 대위임령(Great Commission)이라는 용어는 마태복음 28:20의 '너희는 가서 모든 민족으로 제자로 삼아 침례세례를 주고, 그들을 가르치라…' 는

암호화된 특징적 표지였다. 이것은 교회들이 순종해야 할 선교 명령을 담은 가장 특별한 성명서로써 이해되고 있다. 현대 선교운동의 시작과 더불어 이 명령이 여전히 의무로 남아있는지 아닌지, 그리고 아마도 제자들이 이미 그 선교적 명령을 다 이룬 것인지 아닌지에 관련된 논쟁이 있었다. 위에서 이미 설명한 것처럼, 종종 '가라(Go ye)'고 하는 이 첫 번째 명령은 비록 헬라어에서 '가면서(As you go…)' 라고 부사적으로 말해지고 있음에도, 종종 지나치게 강조되고 있다.

16) 윌버트 쉥크(Wilbert R. Shenk)가 편집한 『교회 성장의 도전: 심포지엄 자료』(*The Challenge of Church Growth: A Symposium*, Elkhart, Indiana; 1973) 이라는 책과 W.T. 쉥크(W.T. Shenk)가 편집한 『교회 성장 연구』(*Exploring Church Growth*, Grand Rapids: Eerdmans, 1983)이란 책에서 세계의 선교 신학에 대한 훌륭한 토론 발췌문들이 실려 있다. 특별히 나의 글 '복음의 사회적 형성' 이 277~284쪽에 실려 있다.

17) 도날드 맥가브란의 『하나님의 가교들』(*The Bridges of God*, London, World Dominion Press, 1955), 『폭풍의 눈』(*Eye of the Storm*, World Books, 1972).

18) '정사와 권세들(the Power)' 이 의미하는 것이 무엇인가 하는 것은 나의 책 『예수 정치학(Politics of Jesus, IVP역간) 제8장의 243쪽에 잘 요약되어 있다.

19) 비록 종교적 자유의 기원에 있어서 법적으로 문제가 되는 것들은 자발적인 단체들을 형성할 자유가 있음에도, 17세기 영국에서 있었던 공식적 논쟁의 형태를 살펴보더라도, 여전히 표현의 자유가 있는가 없는가가 핵심 논점이었다. 그러므로 영어를 쓰는 문화에서 종교의 자유 및 사상의 발전에 중점이 되는 용어는 침례세례(baptism)보다도 설교(preaching)와 집회(assembly)이다. 미국의 권리장전은 모든 것을 총괄하는 아주 모호한 단어를 사용하여 행사의 자유(free exercise)에 대하여 말하고 있다.

20) 리처드 니버(H. Richard Niebuhr)는 '기독교주의 christomonism' 라는 견해를 설명하였는데, 이는 예수를 따르는 것보다 (몇몇 문화적 목적들을) 더 중요한 것으로 그리고 예수를 따르는 것과 구별된 것으로써 아버지 혹은 성령의 방법에 의해서 우리가 하나님의 뜻을 알 수 있음을 부인하는 관점이다.

21) 이러한 구별은 1961년 뉴델리 세계 교회 협의회(World Council of Churches)에서 루터교 신학자인 요셉 시틀러(Joseph Sittler)가 발표한 기조설교에 근거한다. 1961년의 주제는 '예수 그리스도, 세상의 빛(Jesus Christ, the Light of the World)' 이었다. 어떤 관점에서 보면 역사적 예수는 너무나 특별하여 세상의(of the world) 빛이 될 수 없었다. 그 '몇몇 관점들(some perspectives)' 을 통해 벌인 논쟁의 가치가

어떻든지 간에, 예수께서 말씀하신 것들은 특이하거나 신비한 것이 아니어서 현재의 연구는 더는 필요치 않은 것으로 보인다. 왜냐하면, 이러한 것들은 누구에나 적용할 수 있기 때문이다. 전체적으로 볼 때, 아버지도 성령도 삼위일체도 그 어떤 다른 것이 아니다.

22) 아주 복잡한 방법론적 질문들을 던지면서 연구하는 동료를 존중하는 의미에서 그리고 내 생각에 그리 중요한 것이라 여겨지지 않기에 이 본문에 온 두 단어를 굳이 설명하지 않았다. 인식론적(Epistemological)이란 단어의 의미는 우리가 어떻게 아는가 하는 것과 관계되며, 서론(prolegomena)이라는 단어의 의미는 어떤 것 앞에 무엇이 와야만 하는가 하는 의미가 있다. 어떤 사람들은 예수께서 말하신 것을 행하기 전에, 우리에게 왜 그 기록을 신뢰하는지, 그리고 왜 그렇게 하는지 설명이 필요하다고 주장한다.

4장 그리스도로 충만함

이번 장은 우리가 제대로 이해하지 못하면서 종종 즐겨 찾는 신약성경의 한 부분에 대한 이야기이다. 이 성경 말씀은 우리가 종종 뜻밖이라고 생각하는 역할과 관계와 직업, 그리고 기술과 관련된 제반 문제들에 빛을 던져주는 말씀이다. 이러한 질문들이 무엇인지 분석하기보다는 우선 사도의 증언 그 자체가 무엇인지 알아보자.

에베소서에서 바울은 몸에 있는 각 지체가 나름대로 독특성을 갖고 있으며 하나님의 인준을 받아 구실을 하는 그룹관계라는 새로운 방식을 설명하기 위하여 "그리스도로 충만함"the fullness of Christ이라는 용어를 사용하였다.

그가 그리스도의 몸을 세우기 위하여, 어떤 사람들은 사도들로, 어떤 사람들은 선지자들로, 어떤 사람들은 복음 전도자들로, 어떤 사람들은 목사들로, 어떤 사람들은 교사들로 그의 재능들을 주셨으니 우리 모두가 하나님의 아들을 아는 지식과 믿음의 일치에 이르게…. 그리스도의 충만한 능력에 이르게 하려함이라….엡4:11~13, 1)

사실 여러 모임이나, 그룹을 설명하기 위해 현재 우리가 폭넓게 사용하는 단어인 '몸'body이라는 표현의 은유적 용법을 생각한다면 우리는 바울의 표현에 큰 신세를 지는 셈이다.

고린도전서에서 바울은 문자적으로 **모든** 신체의 부분every member은 '공동의 선과 이익을 위하여 성령의 나타나심'을 담당하는 존재라고 말하고 있다.고전12:7, 2) 바울의 몸과 지체에 대한 설명은 꽤 자세한 지침을 제시하고 있는데, 이는 우리의 직관, 습관들과는 상당히 반대되는 것들이다. 왜냐하면, 유기체 내에 존재하는 각 부분의 존엄성에 대한 바울의 비전은 별로 존경을 받지 못하는 지체들 덕택에 더욱더 가치가 있다고 여기는 지체들이 존재하고 있다는 사실을 깨닫도록 독자들을 인도하기 때문이다.

로마서에서 바울은 하나님께서 각 사람에게 주신 그 은혜대로롬12:6 자신들의 능력과 의무를 생각해 보라고 가르치고 있다. 바울이 "하나님께서 주신 믿음의 분량을 따라서"롬12:3라고 썼을 때, 그가 말하고자 했던 것은 어떤 사람들은 믿음이나 은혜를 엄청나게 갖고 있고, 어떤 사람들은 단지 조금 가진 것을 의미하지 않았다. '분량'measure은 어떤 사람이 할 수 있는 일이 다른 사람들보다 크거나 작음을 양적으로 평가하기 위해 존재하는 것이 아니다. 곧 어떤 판단을 위한 잣대와 같은 것이 아니다. 여기에서 '분량'이란 식탁에서 각 사람에게 할당되도록 정해진 몫을 나누어 주는 국자와 같은 것이다.

바울은 독자들에게 사회과정의 특별한 유형 안에, 유형 아래에, 그리고 유형과 함께 존재하는 특별한 사역으로써 성령 하나님께서 가능하게 하는 다양성 및 이와 관련된 모든 것을 보라고 말하고 있다. 베드로전서 4장 10절에도 같은 말이 기록되어 있다. 이것은 전체적인 사고방식이 바울 자신만의 독창적이거나 특별한 것이 아니라는 것을 말해준다. 비록 바울이 이를 가장 잘 이해할 수 있도록 표현하였지만, 이것은 바울의 생각이라기보다는 초대교회 공동체가 널리 공유하고 있었던 유산이었다.

우리가 가진 지체에 대한 이해와 초대 교회의 지체들에 대한 이해가 근본적으로 다른 것과 마찬가지로 바울이 편지를 쓸 때에, 그룹 안에서의 역할들을 몸으로 표현한 식의 설명은 그가 살았던 시대에 이미 존재하고 있었던 여러 유형과는 근본적으로 다른 것이었다. 당시 사회적으로나 문화적으로 어떤 역할을 공유한다는 것은 전혀 불가능한 모델이었다. 또한, 바울의 권고는 이후의 기독교 역사에서 시행되었던 소위 '카리스마' charisma나 '목회' ministry의 개념들 혹은 '몸'이라는 개념이 말하고자 했던 그 어떤 내용과도 판이한 것이었다. 우리가 몸에 대한 것을 정의해나가면서, 만약 현재 우리 시대에 만연하는 생각들과 대조해 볼 수 있다면, 바울이 지적하고자 했던 논점의 색다른 진기함을 알아갈 수 있을 것이다. 이러한 생각들은 각 교파와 교단마다 서로 다는 모습으로 구성되어 있는데, 대부분 윤곽은 서로 비슷비슷하다. 각 교단이 가진 기본 설명에 따르면, 아주 소수 사람이–한 교회 혹은 한 교구에서 한 사람 혹은 기껏해야 세 사람 정도의 사람들이– '목사' minister라는 특별한 역할을 감당하고 있다. 이렇게 특별하게 검증된 사람만이 교회가 교회답게 되도록 하는 특별한 일을 할 수 있게 되어 있다.3)

단지 인간의 잠재력만이 아닌: 기적

에베소서 4장에서 바울이 사용하는 은유라고 여겨지는 시편 68편의 이미지에 따르면 모든 사람에게 나누어지는 은사의 분배는 그리스도 승리의 한 부분이다. 각 부분에 있는 지체와 유기적으로 협응하는 몸이라는 이미지만을 따로 놓고 생각한다면, 그 몸의 이미지는 계시와 같은 존재로써 다른 역할과의 관계를 유지하려는 아주 보수적인 사회적 이미지로 이용될 수 있을 것이다. 사실상 이 이미지는 그러한 식으로 사용된다. 그러나 에베소서에 기록되어 있는 이러한 구절들은 그리스도인들의 연합이 자연스럽지 못함을 기록하는 이전 장들에 뒤따라 나옴으로 교회를 위한 설명임을 잘 드러내 주고 있다.

많은 은사에 대한 이러한 보조 설명은 성장하는 몸의 형태를 만들어가는 유전자들의 방식으로써 지체의 본질을 드러내는 살아있는 코드로서 설명되어서는 안 된다. 오히려 바울은 이러한 은사를 "너희 부르심을 확실하게 하기 위한"making your calling sure 것이라고 지칭하였다. 이는 하늘로 올라가시던 주님으로부터 받은 은사이자 우리에게 제시된 방향을 따라 살라고 우리에게 주신 것이다.

현대 개신교신자들이 이러한 은사의 다양성이라는 교리의 참모습을
진지하게 받아들이지 못하는 이유는 아마도 우리가 이미 은사의 다양성
을 잘 이해하고 있다고 생각하기 때문일 것이다. 우리는 은사의 다양성
을 상업이나 노동 산업 현장에서 일어나는 협동 모델, 그리고 우리가 이
미 아는 팀워크 정도로 생각하고 있다.4) 그러나 사도 바울이 말하고자
했던 은사의 다양성은 이전에 한 번도 존재한 적이 없었고 역할을 해본
적이 없었던 것이었다. 오히려 은사의 다양성은 그리스도에 의해 성취
된 것이다. 그것은 자신이 승리하시고서 얻으신 선물로 그의 백성에게
나누어주고, 포로들을 자신의 열차에 태워 이끌어 가시는 야훼/아도나
이이신 하나님의 승리 과정의 한 부분으로 삼으신 것이다.

우리가 은사의 다양성을 잘 이해하지 못하는 또 다른 이유는 아마도
각 사람이 은사를 존귀하게 여기도록 하는 서구 개인주의에 기인한다.
이 서구 개인주의는 아주 오래된 역사적·문화유산으로 모든 사람의 삶
에 깊이 뿌리내리고 있다. 이러한 개인의 가치를 존중하는 모습은 복음
에도 깊이 스며들어 있다. 물론 우리가 이러한 근본적인 모습까지 부정
할 필요는 없다. 그렇지만, 개인주의 문화가 진화되어 나가는 그 끝이
어디인지를 바라봄으로써, 복음에 대한 유사성보다는 차이가 엄청나게
크다는 사실을 분명히 인식할 수 있어야 한다. 몸에 달린 손과 눈은 '개
별적'인 것으로 아무런 의미가 없다. 그것들은 그 무엇과도 대치할 수
없는 유일하고 독특한 것이다. 그러나 다른 몸의 지체들과 함께 붙어 있
을 때만, 자신에게 소임과 생명과 존귀함을 실행하고 소유할 수 있다.
몸의 다른 부분이 고통을 당하여 잘못되면, 다른 지체는 아무런 잘못을

하지 않았더라도 불구가 될 수 있다.

비록 바울의 논쟁이 상당히 목회적이며 그리스도의 사역에 대한 복음the Good News에 근거하고 있지만, 인간의 존엄성에 대한 그의 비전은 교회만이 아닌 외부인들이 쉽게 이해할 수 있는 용어로 번역됨으로 다른 그룹들의 역할 및 관계를 함께 다룰 수 있도록 표현되었다. 그리스도인이든 아니든 상관없이 몸의 부분이 많은 동료와 함께 유기적으로 관계되지 않은 모습, 곧 서로 의존하지 않은 가운데 그냥 붙어 있는 존재에 불과하다면 각 사람은 그 사람이 실제로 될 수 있는 존재, 혹은 되어야만 하는 존재보다 못한 사람이 될 것이다. 비록 이러한 이론적 체계들이 다른 체계들을 반대하는 이론이라는 비판을 받을지는 모르겠지만, 유기적 상호의존성에 대한 바울의 비전은 한편으로 개인이나 사회계약, 또 다른 한편으로는 협동조합corporatism이나 자회사subsidiarity, 5)로 축소되어서는 안 되는 사회 윤리로 이해되어야 한다.

함께 몸을 유지함 Keeping the Body Together

바울이 사용한 몸의 이미지에 대해 제기될 수 있는 첫 번째 상황 속의 도전은 다른 지체들의 일보다 자신들의 일이 더욱더 '영적'이라고 믿고 주장했던 몇몇 고린도 지역 그리스도인들의 특권의식에 의해 발생하였다. 이에 대한 답변으로 바울은 그들의 목회가 영적인 특성이 있어야만 한다는 것을 부인하지 않았지만, 다음의 세 가지 중요한 자질들이 그들에게 있는지 점검하도록 권고하고 있다.

a. 우선 바울은 한 성령 아래 주어진 몸의 **각 지체**every member of the
body들이 **어떤**some 은사를 가졌는지 그리고 그들이 가진 은사들이
동등하게 존중받고 있는지 점검하도록 권고하고 있다. 이처럼 누
구든지 은사를 갖고 있다면 자신의 은사처럼 다른 모든 사람의 은
사를 소중한 것으로 인정하되 "특별히 더 약하게 보이는 지체들을
존귀하게 여기라"고 요청하였다.

b. 바울은 은사의 고유하고 평등한 존엄성에 상관없이 건강한 공동체
의 표지로 **교회**ecclesia, **6)**의 신중한 회합이 있을 때 다른 것보다 더
중요하게 여겨야 하는 어떤 분명한 가치를 확립하고 있어야 함을
고린도교회 사람들에게 상기시켜주었다. 이러한 은사 중의 하나가
'예언'이었는데 이 예언의 덕목 중 하나가 이성적인 의사소통으로
다른 지체를 세워주는 의사소통이었다. 또 다른 은사는 순서대로
혹은 질서를 따라 의견을 주고받는 의사소통 과정으로 서로에 대
해 비판적으로 듣고 사고하는 것이 포함되어 있다.

c. 바울은 언어를 바꾸어 가면서 자신이 말하고자 하는 대화의 분위기
를 바꾸고 있다. 바울에게는 의미가 아주 분명했던 '영적'spiritual-
헬라어로는 pneumatic이라는 단어가 이미 어떤 사람이 다른 사람을
배척하기 위해 자신이 가진 개성과 기능을 좀 더 드러내기 위한 목
적으로 사용했던 것처럼 보인다. 이러한 상황 속에서 바울은 그 **영**
이란 단어 대신에 은혜로 줬다는 의미가 있는 선물gift, charisma, 우
리가 charismatic 이라고 사용하는 것에서 옴이란 단어를 사용하였다. 이처
럼 그는 한 개인이 독특한 영을 소유할 수 있다는 주장에서, 그 사

람의 역할이 무엇이든 간에 자랑하기 위해 은사가 존재하는 것이 아님을 고백하도록 그 강조점을 옮겨놓았다. 왜냐하면, 은사는 성령이 주시는 것이기에 성령께 속해있고 성령에게서 나오는 것이기 때문이다.

이처럼 바울은 억제하지 못하는 열정이 가져올지도 모를 엄청난 무질서와 위험의 상황을 바로잡고 있다. 그러나 곧 교회의 또 다른 기능이 과대평가되는 현상이 나타났는데, 계승이나 위임의 절차에 의해서 혹은 세워진 전통에 의해 신뢰를 얻는 모습이 생겨났다. 일반적으로 이러한 역할은 단지 한 사람 혹은 몇 사람에게 국한되었다. 대개 이러한 역할은 한 사람이 독점하였고, 몇 사람이 그가 가진 권위를 인정하는 식으로 흘러갔다.

다른 곳에서도 같은 비전을

그러므로 결정적인 순간에 바울이 제시한 교정 메시지가 가져다준 영향력은 고린도에서 그랬던 것처럼 이러한 메시지가 필요했던 때에 자기 확증의 열망을 객관적으로 보도록 해주었다. 그것은 우리가 중요시하는 성령의 사역 곧 필요한 질서와 타당성을 창조하는 성령의 사역에 대한 이해를 새롭게 바꾸어야만 한다는 것을 의미한다. 우선 바울은 "모든 사람이 은사를 갖고 있다"Everyone has a gift고 말하고 있다. **그리고 나서 그는** "모든 것을 질서 있게 하라"Let everything be orderly고 말하였다. 진리의 두 번째 속성을 살피기에 앞서 첫 번째 진리인 복음이 필요하다. 첫 번째 진리의 이름으로 우리는 제도적 기반 위에서 신임을 받는 공무

원들의 손안에 있는 권위를 집중적으로 살피고 이를 의심해 보아야 한다. 그렇게 하려고 우리는 제대로 작동하지 않게 된 후에만 억제할 필요가 있다는 권위에 독창적인 생명력을 다시 새롭게 할 필요가 있다. 이처럼 권위의 문제는 몇 세기에 걸쳐 성서를 중심으로 한 부흥운동의 영향을 통해 목회의 패턴을 재발견해내거나 혹은 남성 군주제에 대항하는 등, 은사의 개념을 다시 점검케 하는 모습으로 끊임없이 일어났다.

바울의 은사 메시지에 대한 우리의 이해는 현대 언어의 용법에 따라 잘못 조작되어왔는데, 이는 바울이 사용했던 언어가 그의 가르침과는 반대되는 식으로 잘못 발전하였기 때문이다. **카리스마**charisma 라는 용어는 독일의 사회학자 막스 베버Max Weber로부터 널리 차용된 용어 중 하나이다. 베버는 자기 중심으로 사람을 강력하게 끌어들이는 지도력을 '카리스마적' charismatic이라고 표현하였다. 베버는 이렇게 카리스마를 정의하면서 어떤 새로운 운동에서 특별한 능력으로 많은 추종자의 신뢰를 얻는 아주 강력한 리더십을 가진 사람과 그의 탁월성에 관심을 갖도록 만들었다. 그렇게 함으로써 베버는 **카리스마**라는 단어를 바울이 소개했던 목회적 의도와 정반대의 의미를 갖도록 만들어버렸다. 바울은 사람의 능력 혹은 역할 그 자체가 이미 하나의 은사gift이기 때문에, 한 사람의 화려함과 능력에 집중하지 않게 하려고 이 단어(어떤 학자들은 바울 자신이 카리스마라는 말을 창안한 사람이라고 생각하기도 한다)를 겸손과 연결시켜 놓았다. 한편 베버는 권위를 행사함으로써 화려하고 위압적이고, 자기 독창성을 드러내고자 하는 사람들을 설명하고자 이 단어를 사용하였다. 이러한 오해는 요즈음 사진 촬영 현장에서 전혀 수줍어하지 않고 대담한 연출을 하는 사람이나 무대를 전혀 두려워하지

않는 사람을 설명하는 통신이나 미디어 용어로 사용될 때 최악의 경우
가 된다.

카리스마라는 의미를 더욱 혼란스럽게 만든 두 번째 용법은 지난
3~40년 동안 아주 효과적으로 교회 부흥 운동을 전개한 사람들과 개인
적으로 신앙이 돈독한 어떤 특별한 사람을 설명하기 위해 **카리스마틱**이
라고 칭하는 경우이다. 이 용법에 따르면 어떤 그리스도인들은 '카리스
마틱' 하고 다른 사람들은 그렇지 않다는 것이다. 때때로 이러한 특별 용
법은 그들을 소개할 때 자주 사용되지만, 때로는 어떤 운동에 대하여 글
을 쓰는 외부의 신문기자, 역사가, 혹은 비평가들에 의해 사용되기도 한
다. 이와 같이 그 단어는 교회 내에 존재하는 어떤 특별한 경향성을 가
진 소수의 사람, 간부들 등 다른 관점을 가진 별난 사람들을 지칭할 때
사용되기도 한다. 이러한 용법 역시 바울이 처음에 의도했던 바와는 정
반대의 의미를 가진 단어로 사용하는 것이다.

그러나 또 다른 혼동은 천직이나 그 누가 따라갈 수 없는 선천적인 능
력을 가리키는 **천재성**giftedness 혹은 **재능**gift에 대한 현대적인 용법에서
비롯되었다. 바울이 묘사했던 은사gifts란 구원에 관한 이야기나 예수의
주되심을 독립적으로 소유할 수 있는 사람들에 관한 그 무엇을 의미하
는 것은 아니었다. 은사들이 완벽해야 한다든가, 아주 특별한 능력을 간
직하는 모습이어야 한다든가, 혹은 언어를 배우기 위한 뛰어난 솜씨를
의미하는 것도 아니다. (비록 은사들 중 어떤 것들은 생리적으로 부여된
것과 관련이 있기는 하지만) 은사들은 타고나는 것이 아니다.

또한 은사들은(사회 개혁이론에서 임무나 직책 혹은 직업이라 불리

는) 일반경제 체계 속에서 그 사람이 위치한 사회적 지위와도 아무런 상관이 없다. 바울 서신에 나타나는롬12; 고전12장의 두 가지 목록, 그리고 에베소서 4장에 기록된 간략한 목록, 7) 역할에 대한 목록들은 사도, 예언자, 교사, 장로 등으로 사람들이 모인 **교회**ecclesia 내에서의 기능이 어떠한가를 설명하는 것이다. 이러한 은사들은 '도살업자, 제빵사, 양초 만드는 사람' 이라든가 '부자, 가난한 사람, 거지, 도둑, 의사, 변호사, 무역업자' 와 같은 사회적 직업이나 그 역할들을 목록화한 것이 아니다. 16세기에 종교 개혁가들이 소위 도살업자, 제빵사, 양초 만드는 사람들과 같은 사회경제학적 역할들을 '평신도의 일' 이라고 칭하였는데 이러한 것의 중요성은 기독교인의 생활을 새롭게 강조하였다는 의미에서는 적절한 표현으로 볼 수 있으나, 지금 우리의 논의와는 초점 자체가 다르며, 우리가 가진 관심과는 완전히 다른 이유를 갖고 있다.75쪽 참고 성직과 수도원 목회들을 지나치게 강조한 것에 대하여 세상 속에서의 직업을 존중하도록 수정한 것은 필요한 일이었지만, 그것이 바울 서신의 메시지에 근거해서 이루어진 것은 아니다. 그것은 다른 주제에 근거해서 이루어졌다. 직업상 전문화는 좋은 것이다. 그러나 은사를 부여받은 역할들의 다양성과 직업적 전문화와는 전혀 다르다. 전문가로 인정받는다는 것은 그 나름대로 명성을 인정을 받고, 봉급을 받음으로 기능적으로 그 독립성을 부여해 준다. 그러나 바울의 은유는 독립성과는 반대로 상호책임과 상호의존을 강조하고 있다.

서구 문화사의 이딘가에 보면, 머리를 아주 소중하게 여겼던 것처럼 몸의 각 부분 하나하나를 특별히 존중했으며, 그럼으로써 사회의 수직적인 비전들을 향하여 움직여갔던 몸의 이미지들이 존재한다. 우리가 살펴보았듯이 과거의 프로테스탄트 경험에는 이러한 몸의 이미지가 직업의 개념에 드러나 있고, '창조에 의해' 하나님의 뜻이 사회 구조 속에 드러나 있다. 한편, 바울의 은유는 지체 중 어떤 사람이 아니라, 예수 그리스도께서 머리이시기 때문에 수직적 구조를 상대화하고 있다. 고린도전서 14장에는 어떤 기능적인 수직구조가 나타나있는데, 어떤 사람이 비이성적으로 방언하는 것보다 모든 사람이 이해할 수 있는 예언을 하는 사람을 더 선호하는 것처럼 기록되어 있다. 그러나 바울은 편지를 읽는 사람들에게 그런 선택의 상황이 생기지 않았으면 좋겠다고 말한다. 방언도 예언도 확실한 근거가 있었고 그 또한 이 두 가지 은사를 모두 실행하였으며, 가능한 한 다른 사람들도 그렇게 할 수 있기 원했다.

공동체가 기억하는 사도들과 예언자에게 속해 있는 시간상의 우선순위는 존재하지만, 사도들은 죽게 될 것이고 예언자들은 공동체에 복종해야 했다. 장로-중재자와 장로-조정자의 기능에 대하여는 절차상의 우선순위가 존재하지만, 가르치는 직책이 언어유희에 머무르고 말 특별한 유혹 때문에 더 조심스럽게 표현되어 있다.8) 회당에서와 마찬가지로 초대 교회에서 장로란 가정생활에서 아버지로서 오랫동안 성공적인 경험이 있어야 자격을 줬던 역할이었으며, 동료와 팀으로 함께 일하는 복수리더십이었던 것으로 보인다. 이처럼 바울이 사용했던 몸의 이미지에 대한 궁극적인 영향력은 아주 분명하고 시종일관 반수직주의적이었다.

1세기 및 16세기와 삶의 유형이 많이 다른 우리 시대에서는, 그 역할의 다양성과 본질을 연관시켜 설명할 필요가 없다. 왜냐하면, 다양성의 근거는 우리 시대에 이미 충분하기 때문이다. 특별히 바울은 자신이 원하는 바, 그 무엇을 잘못 해석하거나 부정적으로 해석하지 않기를 바랐던 것 같다. 바울은 모든 사람이 절대적인 존엄성을 가지고 있다는 후기 계몽주의의 신념 때문에 참여 공동체의 형태를 요구한 것이 아니었다. 그리고 각 사람의 이기적인 관심을 극대화하기 위해, 무정부의 위협에 대해 그들을 보호하려는 방법으로, 그리고 자유 교섭을 시도하는 개인들의 계약을 통해 정부, 시장, 혹은 공장이 생겨날 것이라는 신념 때문에 지배를 거절한 것은 아니다. 바울은 모든 개인이 아주 선하기 때문에 각 사람의 관심과 경향의 합이 모든 사회의 최고의 것을 만들어 낼 수 있으리라고 믿지 않는다. 모든 사람이 자신의 양심에 따라 구원을 받을 수 있다고 생각하기 때문에 그가 성직자나 목사들의 지배를 반대한 것도 아니다. 바울은 모든 권위에 대한 상호 문화적인 의심에 근거하여 혹은 만약 모든 조직이 무너진다면 사람들은 스스로 보호할 능력이 생긴다는 확신 때문에 '리더십을 거부' 하지도 않았다. 오히려 바울이 고백하고 선포하였던 것은 그렇게 타락한 세상의 한가운데에서도 하나님께서는 아무런 업적도 없는 모든 사람의 존엄을 은혜로 보완함으로 새롭게 될 수 있다는 것이었다. 이것은 조직을 반대하는 태도가 아니다. 오히려 그것은 인간의 유기적 조직체에 구조적 연속성이 있음을 인정하는 것이다. 하나님은 모든 사람을 똑같이 만드는 것을 통해서가 아니라, 동등하긴 하지만 전혀 다른 지체들에 능력을 부여함으로 그렇게 하셨다.

강력한 대안

처음부터 나는 메시지를 보다 강력하게 선포할 목적으로 바울의 메시지를 '반직관적이며 반전통적' counter-intuitive and counter-tradition이라고 말했다. 실제로 바울의 메시지는 그것이 아프리카의 마을이든 고대 메소포타미아의 왕국이든 상관없이 모든 문화와 사회에는 모든 종류의 종교를 대변하고자 하는 아주 광범위한 경향이 존재함을 인정하고 있다. 모든 전통적 문화에서 제사장, 샤먼 등 신에 접근하고자 하는 직업적 종교인들이 존재하였고 최상의 상황에 있든 최악의 상황에 있든 사람들의 삶을 독점해왔다. 때때로 종교 전문가들은 계승을 통해 자격을 부여받거나, 특별한 위임 의식이나 훈련, 혹은 거룩한 장소에 의해 통제 관리 됨으로써 자격을 부여받았다. 이러한 종교 전문가들은 계절이 바뀌는 때에나, 개인적인 삶의 주기를 따라, 혹은 특별한 기후 변화를 따라 아주 엄숙한 모습으로 자격을 부여받았다. 제사장 혹은 드물기는 하지만 여사제가 거행하는 예식은 신을 기쁘게 하거나, 사람들의 가족, 농토, 혹은 가축들의 다산성을 보증해 주거나, 혹은 전쟁에 임하는 병사들에게 용기를 주거나, 혹은 햇볕과 비를 적절히 내리게 하는 유일한 방법이었다. 이러한 거룩한 사람들이 꼭 있어야 하는가에 대하여 엄청난 의견차이가 있음에도, 근본적인 추측은 항상 존재했다. 특별한 역할을 감당하도록 직업적 종교인을 둔 것은 이미 나열한 다양한 형태의 목록을 기초로 한 변하지 않는 인류학적 보편성9) 및 모든 타락한 본성 일부분이 반영된 것이다.

하나님께서는 이미 고대 이스라엘의 중심에 제사장적 전문가를 상대화시켜 놓으셨다. 아브라함은 제사장이 아니었다. 그러기에 아브라함은 멜기세덱에게 가서 제사를 드렸다. 모세는 제사장이 아니었다. 그는 자기의 형인 아론에게 제사를 드리도록 했고, 후에는 레위지파에게 그 일을 감당하도록 했다. 모세는 장인의 조언을 따라 여러 가지 분쟁을 직접

판결하는 대신 다른 사람들에게 역할을 맡겼다.출18장 민수기 11장에서
여호와 하나님의 지시를 따라 모세는 칠십 명의 남자를 불러 세웠고 자
신과 함께 성령의 능력을 공유하도록 책임을 나누었다. '모든 하나님의
백성이 선지자 되게 하시기를 원하노라!' 민11:29

　　이스라엘의 이야기 전체에 등장하는, 선지자, 사사, 그리고 '성문 앞
의 장로들' 은 여전히 존경을 받았지만, 이들의 제사장적 삶의 중심은 상
대화되어 있었다. 왕정시대 및 예루살렘 성전을 잃고 나서, 유대민족이
생존하게 된 것은 제사장제도를 대체할 성전을 다시 일으켜 세웠기 때
문이 아니다. 그것은 열 가구당 하나의 회당을 형성하도록 함과 동시에
더는 종교적인 전문가가 필요하지 않도록 그들 중에 랍비rabbi와 토라를
집전하는 청지기와 새로운 사회 제도인 회당이라는 새로운 역할을 창출
했기 때문이다.

　　예수 시대에, 제사장 제도가 있는 성전이 회복되긴 했지만, 그렇다고
성전이 다시 상대화한 것은 아니다. 예수는 어부들, 열심당원, 그리고
세리들-여자들-과 함께 어떤 운동을 일으키셨고 (모세가 불러 세웠던
것과 같은 숫자인) 칠십 명을 각 마을로 보냈다. 바울 서신에서 해석한
것처럼, 그렇게 하심으로 예수는 질적으로 새로운 그리스도인 운동이라
는 영향력 있는 무대를 마련하였다. 예루살렘에 있었던 첫 번째 그리스
도인들 가운데에는 성전에서 자신들의 공식적인 근무 순번을 지속적으
로 수행했던 제사장들도 있었다. 그러나 메시아의 회당에서는 희생 예
배가 없었기 때문에 그들이 제사장적 역할을 감당하지 않았다. 오순절
이래로10) 신에 접근하고자 하는 직업적 종교인들은 더는 기능을 하지

않았다.

　때때로 초대 교회의 그리스도인들은 자신들이 모두 제사장이라고 말했다. 때때로 그들은 제사장권이 폐지되었다고 말했다. 구체적으로 이 두 문장이 말하는 사회적 의미는, 비록 정반대의 말처럼 들릴지 모르지만, 실제는 같은 의미다. 몸을 이루는 모든 지체는 똑같은 성령에 의해 능력을 부여받게 되었다. 예배를 드리려고 신께 다가가는 데 있었던 제한, 곧 제사장만이 가졌던 희생 제사의 독점권은 그 특별한 제사제도 자체가 완전히 폐지됨과 함께 사라졌다. 예수는 마지막 희생 제물이었고, 동시에 그는 마지막 제사장이었다.11) 비록 바울 서신의 기록들과 히브리서에서 단호한 모습으로 표현되고 있지만, 이러한 변화에 대한 그의 대제사장적 영향력은 이후 기독교 역사에서 가장 소개가 안 된 부분임과 동시에 가장 관심을 끌지 못했던 구속의 차원 중 하나로 남아 있었다.

　우리가 이미 살펴본 대로 바울의 비전은 곧 사라져버렸다. 여러 초대 교회에는 중앙집권화된 권위가 존재하지 않았기 때문에,12) 바울의 비전이 일반적으로 최우선에 올 수는 없었을 것이다. 집사와 여 집사, 성서를 낭독하는 사람, 그리고 귀신을 쫓아내는 사람들과 같은-여러 목회자가 있었다는 개념이 한동안 있었지만, 몸을 이루는 모든 지체every member가 주목할 만한 역할을 감당하기 위해 카리스마적으로 능력을 부여받았다는 신념은 곧 사라지게 되었다. 그러나 굳이 이러한 손실의 '책임' blame을 가부장적 사회 행태를 다시 살리려고 지정된 것이거나, 혹은 이방신들의 희생 제사라는 개념들에 동화되었기 때문이라거나, 혹은 바울 서신의 메시지를 한 번도 최우선으로 받아들인 적이 없는 후대 교회의 습관에 의해 형성된 교단 탓으로 돌릴 필요는 없다. 종종 우리는 신약성서가 첫 2세기 동안 채 정경으로 채택되지 않았다는 사실을 잊곤 한다.13)

얼마 지나지 않은 4세기에 이 제사장적 역할이 콘스탄티누스에 의해 다시 부활 · 복구되었고, 왕권의 거룩한 개념과 결탁하면서 그 독점권이 더욱 보강되었다.

어쨌든, 바울의 비전은 아직도 사람들의 뇌리에 여전히 살아남아 있다. 몇 세기에 걸쳐 일어난 여러 부흥운동을 자세히 살펴보면, 평신도에게 능력을 부여해주려는 의견들이 존재하고, 책임질만한 리더십이 골고루 분산되어 있음을 확인할 수 있다. 물론 이러한 것은 그리 오래가지 못했다. 그리고 바울의 비전이 의도적인 종교개혁의 부분으로는 거의 고려되지도 않았다. 비록 대부분의 개신교단보다 퀘이커 프렌드Friends, 플리머스 형제단,Plymouth Brethren 그리고 구세군Salvation Army이 제사장적 독점을 평준화하며, 다양한 목회를 인정하는데 더 가까이 접근하였지만, 그들에게는 바울이 기록했던 것을 현실화할 계획조차 없었다. 그들에게 일어난 일은 성령의 인도를 받은 또 다른 차원의 운동으로써, 그들이 하나님께서 여성들을 포함한 비성직자들에게 능력을 부어주심을 발견한 것에 기인하였다. 그리고 이들은 이러한 것을 일반화시키지 않았다. 이러한 것은 현재 남미의 '기본 공동체들' base communities에서 다시 일어나고 있다. 그러나 역시 여기에서도 바울의 이상을 실현하고자 한 계획적인 의도는 찾아볼 수 없다.

비록 이러한 바울의 훈계에 대한 근거가 구속의 질서에서 비롯되고 있지만, 바울의 이러한 보충적인 기능에 대한 비전을 인간의 유기적 조직체 내의 여러 지체를 모델화하고서 함께 일을 할 수 있게 한다면, 아주 복잡한 업무가 부과되고 있는 모든 기관에서도 충분히 적용할 수 있을 것이다. 나는 위에서 팀워크가 바울의 비전에서 직접 비롯된 것이 아니라고 주장하였다. 그러나 이렇게 논쟁적으로 이야기했던 팀워크의 현대적 개념은 사실상 바울의 비전이 반영된 것이거나 부산물들이라고 할 수 있다. 바울의 비전은 어떤 직무 내에 존재하는 몇 가지 기능적인 구성요소를 상세하게 분석하도록 가능하게 해주며, 그 결과 각 지체가 가장 적절하게 직분을 이행할 수 있도록 도와준다. 그 비전은 공장의 조직, 조사팀, 대학 그리고 도시에 적용시킬 수도 있다. 또한 그 비전은 수직적인 조직들로 운영되는 기관들의 실적보다, 여러 공장과 회사에서 모든 일꾼을 정책 결정과 품질 향상에 참여시킬 때보다 좋은 자동차를 만들 수 있고, 소프트웨어를 더욱더 잘 팔 수 있게 해주는지 그 이유를 설명해 준다.

주어진 정황 속에서 다루어야 할 우리의 주제

우리는 지금 우리에게 주어진 명령이자 초대교회들이 이미 상당한 수준으로 실천했던 네 가지 실천들에 대하여 살펴보고 있다. 다른 것들과는 아주 독특하지만, 정해진 사회 과정의 표본은 우리가 예배라고 부르는 일반적인 것에는 해당하지 않는다. 종교적 의식이라고 부르는 이 예배에 대해서는 우리가 평범하게 이야기조차 할 수 없다. 그렇다면, 왜 이야기하면 안 되는가?

'카리스마'의 개념에 대한 몇 가지 흔적들이 중세 성례전의 체계 속에 스며들어 있지만, 개념의 핵심은 이미 사라지고 겨우 흔적만 남아있다. 예를 들어, '성례전의 질서'는 신의 권위를 단지 몇 명의 사람들에게만, 그것도 모두 남자들 중심으로, 모든 다른 신자들의 목회를 차단하는 값을 치르도록 하는 방식으로 발전하였다. 그리하여 오순절로 말미암아 종말을 보았던 - 바울의 표현 - 종교 전문가의 개념으로 다시 후퇴하게 되었고, 교회 리더십을 특색 있게 하려고 성직이라는 특별한 모습으로 다시 분리시켜 놓았다.

마찬가지로, 중세 '성례전으로써의 고해성사'sacrament of penance나 사면 제도는 복음의 비전-다른 말로 표현하자면 매는 것과 푸는 것-을 죄를 용서해주기 위한 중재행위로 대치시켰다. 그러나 이것은 구체적인 복종으로써 모든 형제·자매가 져야 할 각 지체로서의 목회적 책임을, 어떤 특별한 사람만이 그 문제를 풀 수 있는 것처럼 고해신부에게 상당한 특권을 부여해 줌으로써, 진정한 고백과 용서로부터 멀어지게 했다. 이것은 실제로 용서해 줄 아무런 권한도 권위도 갖고 있지 않은 성직자에게 위계질서라는 이름 아래 도덕적 지침윤리 신학, 교리 문답을 위한 모든 권한과 권위를 위임해버리는 행위이다. 그래서 이는 각 지체를 주어진 도덕적 식별력의 소중한 과정으로부터 차단해 버리는 처사이다.

'매는 것과 푸는 것'을 상실한 것뿐만 아니라, 여러 세기를 거쳐 오면서 함께 빵을 떼는 온전한 의미로서 인종을 초월하는 새로운 인류를 창조해나가는 모습으로서의 침례세례의 온전한 의미 또한 똑같은 방법으로 잃어버렸다. 어쨌든 이러한 상실은 교회를 규정하고 관리하는 것을 특별한 성직자들이 전담하게 하여 버렸고, 현재 대부분 방식은 이러한 상실과 밀접한 관계가 있다.

아직도 일어나지 않은 종교개혁

우리가 연구하는 다섯 가지 실행 중, 이 네 번째 항목이야말로 아직 개혁이 시행되지 않은 영역이다. 일어나야 할 적절하고 구체적인 형태는 여전히 회복되지 않고 있다. 이러한 표본은 신약성서의 자료가 무엇인지 우리가 아직 전혀 건들지도 못한 비평과 갱신에 대한 내용이 무엇인지 깨닫게 해준다. 비록 그것이 쉽게 딴 길로 비켜가긴 하지만, 이러한 실례는 개혁에 대한 올바른 모델이 발견될 때마다 항상 같다거나 단지 하나의 특별한 모델에 국한될 것이라는 우리의 생각이 얼마나 편협한 것인지 경고하기도 한다.

사실상, 역사적으로 볼 때, 16세기 아나뱁티스트, 17세기 퀘이커의 프렌즈the Friends와 침례교Baptists, 18세기 웨슬리 형제들Wesleys, 19세기의 그리스도교회들the Churches of Christ에 의해 표현되었던 갱신의 경험들 속에는 분명한 동일성이 존재한다. 비록 "한 가지 성경적 유형을 회복시키는 것"restoring a biblical pattern에 대한 신념이 지속적으로 요구되고 있으나, 실제로 그것은 아주 단순한 것이다.

자유 교회들이 가진 특유한 방식을 완성해낼 사람은 아무도 없다. 청교도의 설교가였던 존 로빈슨John Robinson은 영국의 프리머스Plymouth

지역의 '순례하는'pilgrim 형제·자매들이 내려놓은 짐들이 사라지는 것을 보면서, '주님께서 아직도 그의 거룩한 말씀의 진리와 빛을 더 쏟아부어야 한다'라고 설교하였다. 모든 지체를 능력 있게 구비시켜야 한다는 바울의 비전은 사실 우리가 개혁에 대해 여전히 발견하고, 모든 경우에 본질을 회복하는 복음의 비전으로써 하나의 단편에 불과한 것이다. 만약 이러한 비전이 실행될지라도 다른 개혁전통들이 가진 모습처럼 전체를 휩쓰는 모습이 되지는 않을 것이다.

사실 우리 시대에 전체를 휩쓰는 이슈는 목회에서 여성들에 대한 논쟁이었다. 초점이 성직제이든 감독제이든, '목회'에 하나의 역할만 있다고 가정하며 여성들이 목회 역할을 할 수 있다는데 동의를 하는 교단·교파가 있지만, 어떤 교파·교단들은(가톨릭과 개신교의 소속에 상관없이) 여성 목회를 반대하기도 한다.

독자들이 바울의 비전을 통해 인식해야 할 것은, 이러한 논쟁을 지배하는 잘못된 생각이 답으로 줬다기보다는 질문들로 줬다는 것이다. '목회'ministerial 역할에는 하나의 역할만이 있는 것이 아니라는(하나의 역할만이 있어도 안 된다.) 것이 전제되어야만 특별한 성性에 대한 것이든 아니든 논쟁할 수 있을 것이다. 그리스도의 몸을 이루는 지체들이 있다면, 목회 역할들도 가능한 한 많이 있어야 하며, 이것은 목회 중 반 이상의 부분이 여성들에게 속해 있다는 것을 의미한다. 신약성서가 증거로 제시하는 **가장 하찮은** 목회 역할로 인정된 **것이**—성에 대한 논쟁과 상관없이—목사와(아주 큰 초대형 회중들을 위한) 감독의 역할이다.**14)** 정확하게 이들은 전통적으로 혼자 있으며, 자신들을 위해 자리를 지키기 원하는 남자들을 지칭했다. 남자들이 몇 세대 동안 잘못 규제해온 영역 및 사도적 교회들 속에 몇 명의 여성들을 집어넣고 전혀 존재하지 않았던 역할과 직무를 감당하도록 하는 것은 긍정적인 행동으로 보이지만, 갱신이라는 심원한 비전을 실행해나가는 차원에서 볼 때는 그리 간단하지 않은 일이다. 여성에 대해 논쟁하기 위하여 가부장적으로 정의된 목회에 접근하는 것은 골다 마이어Golda Meir, 마가렛 대처Margaret Thatcher, 혹은 인디라 간디Indira Ganhi가 정치권력의 본질을 변화시켰다는 것을 말하려는 것과 같다.

바울의 비전이 요구하는 변화transformation는 몇 사람들, 특히 재능이 있는 독점적인 여성 몇 명이 또 다른 몇 명의 남자들과 역할을 나누는 정도여서는 안 된다. 곧 그것은 목회의 개념이 무엇인가를 재교육하는 모습이 되어 한 사람이라도 은사가 없다고 하지 않고, 한 사람도 부름 받지 못함 없이, 한 사람도 능력을 부여받지 못함 없이, 그리고 그 누구도 권세를 부리는 모습이 없는 목회가 이루어져야 할 것이다. 그렇게 되는 것만이 '우리를 부르신 소명에 대해 가치 있는 삶을 인도' 하고자 했던 바울의 비전을 따라 사는 것이 될 것이다.

---

1) 비교적 새로운 번역인 NEB와 NRSV는 단어의 어순을 잘못 배열함으로 이 단락이 개인의 성숙과 '수준(stature)'에 대한 것이라고 오해하게 하고 있다. 그러므로 독자는 전체 단락인 1절부터 14절을 주의 깊게 읽어볼 필요가 있다.

2) 고전12:3~31의 전체 문단은 하나의 문학적 단위인데, 실제 많은 사람에게 잘 알려

진 고린도전서 13장이 그 상세한 주석이다.

3) 이러한 특별한 기능은 가톨릭의 성찬식(eucharist)에 잘 반영되어 있다. 근본주의 자들에게 이것은 설교다. 어떤 사람에게 이것은 사회적 활동이나 목회 상담을 하는 리더십이라고 생각될 수 있다. 그 사람이 행하는 것들은 그 사람이 특별한 사람이라 는 역할의 필요성에 비해 중요하지 않다. 이것을 설명하기 위해 나는 종교적 전문가 의 역할이 인류학적으로 깊이 뿌리박고 있음을 "그리스도로 충만함"(The Fullness of Christ)에서 충분하게 다루었다. 이것은 모든 문화에서 드러나는 현상이다. 내가 제사장적(priestly)이라는 용어를 사용할 때 혹은 인류학자들이 이와 같은 단어인 sacerdotal이란 용어를 사용할 때, 우리가 공통으로 의미하는 것은 단지 제사를 드 리는 어떤 특별한 역할에만 국한하는 것이 아니라, 하나님과 관련된 모든 일을 독점 하는 그 모든 기능을 의미한다.

4) 나는 이러한 현대의 모든 경험을 상당히 좋아한다. 그럼에도, 이러한 것들은 바울이 말하고자 했던 것과는 전혀 다른 연약한 유사체에 불과하다. 그의 비전은 아주 깊고 풍부하며 새로운 것이었다.

5) 이러한 용어들은 개인의 독특성보다 그룹의 생활을 더 존중하도록 이끌려고 유럽과 로마 가톨릭 교회의 사회사상으로부터 유래한 전문용어들이다. 이러한 용어에 익숙 하지 않은 독자들이라도, 바울의 답이 그들이 말하고자 하는 가치를 다 포함하는 더 나은 설명이므로, 전혀 염려하지 않아도 될 것이다.

6) 이 헬라 단어는 우리가 '교회'로 번역하고 있지만, 그것은 '심의를 위한 집회 (deliberative assembly)' 라는 의미와 '의회(parliament)' 라는 의미도 있다.

7) 독자들은 이러한 몇 가지 목록들을 비교 · 대조해보아도 좋을 것이다. 이러한 목록 을 포함한, 신약성서의 사상에 대한 개관은 나의 소책자 『그리스도로 충만함』(the Fullness of Christ, 대장간 역간, 2012)에 나타나 있다.

8) "너희들 중 많이 선생 되지 말라"(약3:1). 야고보가 이렇게 말한 이유는 말(혀 'the tongue)' 을 다스릴 수 없기 때문이었다. "말다툼을 하지 말라(Avoid wrangling over words)"(딤후2:14)

9) 학문의 세계에 있어서 인류학은 인간 문화에 대한 역사적인 체계를 연구하는 학문 을 말한다. 신학은 인간의 본성에 관련된 교리를 의미한다. 이 두 가지가 여기에 해 당한다.

10) 신약성서에 등장하지 않지만, 후대에 생겨나 핵심적인 역할을 하게 된 또 다른 '직 무(office)' 는 지역 교구의 많은 사람 위에 권력을 행사했던 '감독(bishop)' 이란 직 무이다. 신약성경은 그 당시에 조직되어 있지 않았던 대주교, 지역의 주교, 혹은 교

황과 같은 직임에 대하여는 아무런 말도 하고 있지 않다.

11) 이것은 히브리서 7:1~10:19의 중심 주제이다.

12) 우리가 성서를 읽으면서 가장 범하기 쉬운 잘못 중의 하나는 중세시대의 가설들이
초대교회 시절에도 있었으리라 생각하는 것이다. 1세기 말에 로마에 '감독(bishop)'
과 비슷한 것은 있었지만, 거기에(로마 가톨릭이 의미하는 것과 같은) '주교나 교황
(pope)'은 몇 세기가 지나도록 아예 존재하지 않았다. 그리고 교리나 실행의 그 어
떤 문제들에서 모든 교회 간에 획일화된 일치점조차도 존재하지 않았었다.

13) 역사를 잘못 읽는 표준 중의 하나는 모든 초대교회의 그리스도인들이 우리가 읽는
신약성서를 가지고 있었을 것이라거나 신약성서가 모든 사람에게 말해졌을 것으로
추측하는 것이다. 사실 1세기에 있었던 많은 교회는 바울에 대하여 전혀 들을 수 없
었다. 바울에 대한 소식을 들었던 사람들도 결코 그의 권위를 인정하지 않았다. 그
의 권위를 인정했던 사람들도 더러 있었지만, 그의 메시지에 대한 이해는 거의 없었
다. 그러므로 그의 사도적 비전을 이해하고 시행하려는 우리의 관심이 마치 보편적
으로 사용된 하나의 유형, 즉 우리가 간단하게 설명한 입장이지만 시간이 지나면 신
뢰를 저버리고 기각되고 말 유형만이 존재했을 것이라는 입장을 지지하는 것처럼
잘못 이해되서는 안된다.

14) (드물지만) '감독(bishop)'이라고 번역되는 episcopos(문자적으로 감독 overseer
이란 의미)란 단어가 신약성경에 등장할 때, 그것은 '목자(shepherd)'라는 의미와
다르지 않은 지역 회중들 안에서의 리더십 역할을 설명하는 것이다. 더욱더 넓은 지
역(district, diocese)을 돌아보는 직무는 신약성서의 개념이 아니다.

5장 바울의 교훈

4장에서 우리는 바울이 고린도교회에 있는 그리스도인들에게 보냈던 편지에서, 어떻게 성령의 능력 안에서 모임을 할 수 있는지 제시된 지침을 살펴보았다. 이러한 지침 뒤에 있는 더욱 큰 그림은 그의 모든 편지에서 볼 수 있는 방침으로써 '몸의 연합'이라는 바울의 비전이다. 한편, 이러한 지침에 대한 보다 제한적인 그림은 고린도전서 12장에 나타나 있는 주제로 '성령에 의해 인도되는 몸의 연합'이다. 이번 장에서는 바울의 실제적인 관심이 무엇이었는지 좀 더 심층 분석해보고자 한다. 이를 위해 구체적인 질문을 던져보자: 과연 교회의 모임은 어떻게 신행되어야만 하는가? (고린도전서의 본문은 아주 길고 복잡하다. 그래서 나는 전체 본문을 여기에서 다시 소개하지는 않을 것이다. 그러나 독자들은 꼭 본문을 읽고 이 책을 읽기 바란다).

바울은 성령께서 각 사람에게 발언권을 부여하셨으므로 말하고자 하는 사람들은 누구든지 그 발언권을 가져야 한다고 말하고 있다. 이미 말을 한 사람들은 다른 사람들이 발언할 수 있도록 양보하라고 교육하고 있다.

모든 사람이 말할 수 있는 엄청난 자유를 부여하면서도, '예언' 이라는 표현방식에 대해서는 상대적으로 우선순위를 부여해야만 한다고 기록하고 있다. 왜냐하면, 예언이란 '용기를 주고, 향상시키고, 위로하는' 말이기 때문이다. 우리 시대의 대부분의 기독교 그룹들이나 리더들이 실행하는 경향과는 달리, 예언이란 대화의 과정을 주관하는 한 사람의 의장, '목사' 혹은 '성직자' 의 일방적인 지시를 받는 것이 아니라는 점을 주목해야 한다. 내가 이미 131쪽에서 암시했던 것처럼 독특한 은사들을 가진 개인이 어떻게 하면 하나님에 의해 능력을 부여받을 수 있는가에 대한 주제를 다루었다. 특별히 민수기 11:29에서 모세가 언급했던 것을 따라, 바울도 모든 사람이 예언할 수 있기를 원한다고 했다. 이러한 바람과 동시에 바울은 예언자가 교회의 다른 지체들에 무슨 말을 했는지, 그 내용은 무엇인지, '식별' weigh하라고 가르치고 있다. 이것 외에 몇 가지 더 요구된 지침들이 있는데, 모임은 순서를 따라서 진행되도록 하며, 다른 사람들이 알아듣지 못하는 방언을 하는 사람이 있다면 그곳에 방언 통역을 하는 사람이 있을 때에만 방언하라는 것이었다.

우리 시대의 독자들은 특별히 고린도전서 14장의 끝 부분에 나오는 두 절을 문제의 구절로 삼곤 한다. "여자들은 교회에서 잠잠하라. 왜냐하면, 저희의 말하는 것이 허락되지 않았기 때문이다.고전14:34~35절 (바울에게) 이 구절은 그들이 말하려고 했던 것, 소위 말해 여자들이 (사회 조직으로서) 교회에서나 어떤 모임에서 아무런 역할을 갖지 못한다거나, 가져서는 안 된다는 **문자적** 의미가 아니다. 바울은 같은 서신서의 11장에서 기도나 예언을 하려고 일어난 여자들에 대해 기록하였다. 12장에서 바울은 공동체에 속한 모든 지체- 틀림없이 남자들만을 의미하는 것은 아님 -가 어떻게 은사를 갖게 되었으며, 그가 일일이 밝힌 수많은 은사를 여러 모임에서 사용하도록 요청하였다. 16장에서 그는 브리스길라Prisca에게 그녀의 집에 있는 교회를 잘 이끌라고 요청하였다. 그러면 바울이 14장에서 왜 여자들은 교회에서 잠잠하라고 했는가 바울이 의미하고자 했던 것은 무엇인가?1) 그는 아마도 별로 교육을 받지 못하고 소식에 그리 밝지 못한 교회의 맨 뒷줄에 앉은 한 여자가 사람들이 한 말에 대하여 알지 못하자 자신의 옆에 앉은 사람에게 뭔가를 물어보기 위해 잡담하듯이 한 행위에 대하여 언급하는 듯하다. 바울은 이처럼 개인적 상황에서 나온 질문은 공적인 문제를 다루는 전체 모임의 안건으로 삼기보다는 집에서 다루도록 하라35절고 기록한 것이다. 이러한 것은 남자에게도 똑같이 적용된다. 무엇인가를 잘 이해하지 못하는 남자들이 있을 때, 전체 회의를 혼란스럽게 할 것이 아니라 집에서 자기 아내에게 물어야 할 것이다. 그러나 이것이 모임에서 그녀의 차례가 되어 말하고, 들어야 할 때조차 무조건 잠잠해야 한다는 의미는 아니며, 여자의 권위를 지칭하여 말한 것도 아니다.

사도행전에 있는 같은 경험

모임의 본질에 대한 똑같은 모습이 사도행전 15장의 이야기 뒤에도 숨어 있다. 선교 전략에 관한 기본적인 난제가 예루살렘에 있는 교회의 리더들에게 전달되었다. 그 문제는 안디옥에 있는 교회에 의해 파송된 바나바와 바울이라고 하는 선교사들에 의해 표출되었다. 당시에 표출된 문제는 – 현재 우리에게는 전혀 문제가 되지 않는 것으로 이미 제3장에서 우리가 다루었던 질문이다–새로이 형성된 교회 내에 유대인과 이방인과의 관계 문제였다. 우리가 예루살렘 총회라고 부르는 이 모임의 절차는 아주 간략했다. 바울, 바나바 그리고 안디옥에서 온 다른 사람들이 이를테면 자신들의 운동에 이방인들이 참여하게 된 방식에 대한 자신들의 견해와 '현장 경험'을 총회에 보고하였다. 예루살렘에 있었던 유대 신자들은 이방인들을 유대주의로 편입시키는 규칙들이 생겨날지 모른다고 생각하여 안건 자체를 반대하였다. 사도 중에 선임이었던 베드로는 그들이 초기에 경험했던 공동체, 곧 자신이 고넬료Cornelius–사도행전 10장의 사건에서 분명하게 알게 된 내용과 그들을 공동체로 인도한 경험이 똑같은 내용의 안건이라는 점을 사람들에게 상기시켜 주었다.

사도행전 15장 12절에 따르면, 이 안건은 전체 총회를 침묵에 휩싸이게 했다. 그때 바울과 바나바가 자신들의 입장을 사람들에게 피력했다. 아무도 더 말하고자 하는 사람이 없자, 예루살렘 회중의 최고 원로였던 야고보가 "성령과 우리에게 좋게 보이는"28절 중재적 결론을 도출해 내기 위한 제안을 했다. 야고보가 발의한 동의안의 요지는, 이미 우리가 이 책의 제3장에서 침례세례와 관련해 논의했던 것처럼, 유대인과 이방인들의 연합에 관한 바울의 비전이 정당한 것임을 인정하자는 것이었다.

예루살렘 총회의 아주 중대한 결정 사안이었던 이 구체적인 안건은 식탁의 교제를 위한 규칙들을 적용한 것이었다. 유대인과 이방인들이 유대인들이 정해 놓은 음식 규칙을 따라 함께 음식을 먹을 수 있는가 예루살렘 총회가 도달한 결론은 대체로 고린도전서 8장과 10장에 제시된 식사 유형의 지침과 일치한다.

초기 기독교 시대에서 바울의 규칙

지중해 연안에 흩어져 있던 교회들이 자신들의 공통점과 차이점들이 무엇인지 알게 되었을 때, 그들은 열린 대화를 통해 의사를 결정하였다. 그리고 지역교회를 넘어 같은 방식을 여러 교회에 적용되도록 하는 것이 적절한 조치임을 인정하게 되었다. 그들은 이러한 모임들을 '종교회의'synods 혹은 '의회'councils라고 불렀다. 이러한 모임들은 특별한 관심을 끌었던 '이단'heresy에 대한 내용이나, 혹은 부활절의 통상적인 날짜를 정해야 하는 것과 같은 서로 다른 견해차를 해결하기 위해 가끔 개최되었다. 시간이 지남에 따라 그리스도인들이 많이 있는 지역에서는 더욱 정기적으로 모이게 되었다. 이러한 '의회'들이 보다 커지고 보다 정기적으로 모일수록, 모임은 더 공식적이 되었고, 예루살렘 총회에서 볼 수 있었던 자연스러움과 개방성은 점점 줄어들게 되었다.

예를 들어, 갑바도기아Cappadocia에서 있었던 종교회의들은 약 250년경부터 회의를 매년 개최하였다. 4세기가 시작될 즈음에 주요한 총회들은 '에큐메니칼'ecumenical-제국 외부의 교회들은 참여하지 않았기 때문에 다소간 부정확한 표현이긴 하지만이라고 부를 정도로 전체 제국을 아우르는 모임을 개최하기도 하였다: 니케아325, 콘스탄티노플381, 에베소431, 칼세돈451,

콘스탄티노플553, 그리고 손가락으로 꼽을 수 있는 몇 개의 회의가 더 있었다. 다른 지역에서도 정기적이든 비정기적이든, 지역차원의 모임이든 국가 차원의 모임이든 이러한 회의는 계속되었다.

중세기로 접어들면 들수록 교회들이 점점 잘못되어가는 것에 대한 사람들의 우려도 점점 커졌는데, 예루살렘에서 개최되었던 최초의 사도들의 총회 및 기독교 국가 공인 후에 '에큐메니칼' 총회라고 권위를 인정받은 여러 회의가 사람들의 기억 속에 각인되기 시작했다. 만약 새로운 '회의'가 열리게 되면 모든 기독교 전체의 대표들에게 공지되었고, 도덕적으로 존경받지 못했던 모든 사제와 대표자들에게도 교회 갱신을 위한 성령의 능력 안에서 모두가 재창조되어야 하며 독창적이면서 새로운 신념을 따라 연합해야 한다는 내용이 반복되어 전달되었다. 그러나 그들은 이러한 비현실적 희망사항을 되풀이하면서 예루살렘과 니케아 총회의 이미지들을 자신들의 회의 속에 끼워 넣게 되었다. 그러면서 그들은 성령께서 움직이시는 신중한 토의와 제국 전역에 걸쳐 이루어지는 정치적 행사의 이미지를 합병시켜 놓았다. 역사가들은 이러한 것을 '화해주의자들' conciliarists의 비전이라고 옹호하였다.

고린도전서 14장과 개신교의 종교개혁

이미 모든 것이 커다란 실망으로 끝나버렸음에도, 화해주의자들이 묻어 두었던 희망이 개신교 운동의 시작과 더불어 다시 생생하게 고개를 들고 일어났다. 그 예로 마틴 루터Martin Luther를 들 수 있다. 루터는 만약 가능하다면 자신의 가르침을 비준하기 위해 참다운 총회를 개최해야 하며 그렇게 할 수 있다는 데 대해 꽤 확신에 차있었다. 그러나 그것은 여전히 정치적으로 불가능한 것이었다. 신성 로마 제국도 바티칸도 그러한 행사를 개최하게 놓아둘 수는 없었다. 에큐메니칼 회의는 아니었지만, 종교개혁 학자들이 모여 신학적 변화가 적법한 것이라고 평가할 방법을 마련하고 이를 논의할 기회를 전 교회적으로 마련해 줄 수는 없는 노릇이었다.

궁극적으로 지역 정부들이 신학적 변화들을 인정하였지만, 이들에게 권위를 부여하기 전까지 누군가가 처음으로 나서는 것은 모두가 주저했다. 특히 이러한 상황을 해결하고자 라인 계곡 상류지역의 사람들이 채택한 방식은 '논쟁' disputation이었다. 대학은 교수 방법이나 특별히 어떤 사람을 교사Magister 혹은 박사Doctor로 승진을 시킬 때, 이를 인정하기 위한 표준 절차로서 이미 논쟁이란 방식을 사용하고 있었는데, 지역 정부들은 대학으로부터 이러한 회의 형식을 빌려왔다.

1522년 11월 유명한 설교가요, 애국자요, 사제였던 훌드리히 츠빙글리는 가톨릭 사제로서 일하는 대신에 취리히의 도시 신부로 일을 시작하였다. 이러한 변화된 임무는 훗날 개신교 종교개혁의 시작으로 역사에 널리 알려지게 되었다. 츠빙글리의 친로마적 비평은 도시에 '이단'을 고용하지 못하도록 하였다. 이에 대한 반응으로 도시의회의 신부들은 전통을 지켜나가도록 요구하였고, 1523년 1월 29일에 '논쟁 집회'를 소집하였다. 대학의 열린 토론회 형식을 띤 이 토론은—회의 진행자와 서기관을 두고 변호하게 되어 있었다—실제 사도행전 15장과 고린도전서 14장의 지침들과 이상들을 따르도록 준비되었다.

츠빙글리의 비평은 [부분적으로 주된 비평은 콘스탄스Constance의 대주교인 존 파버John Faber가 신학 논쟁을 하는 취리히 도시 정부의 권리를 부정하였기 때문에] 츠빙글리가 잘못했다고 생각하는 위원들을 설득시키지 못하였다. 이처럼 츠빙글리의 길은 개혁을 위해 아주 분명하였다. 그 의회는 그가 '하나님의 순수한 말씀'을 가르치는 쪽으로 나아갈 수 있다고 보았다. 츠빙글리는 파버Faber의 반대에 직면하면서 자신의 소송이 고린도전서 14장에 근거하고 있으며, 지역교회가 그러한 사건들을 재판할 권위를 갖고 있다고 결론을 내리게 되었다. 9개월 후에, 이를 적용하기 위한 특별한 논쟁이 발생했는데 1523년 10월 26일 자로 교회 성상들의 위치와 미사의 운명에 관련된 논쟁을 위해 회의가 소집되었다.

그러나 츠빙글리 자신은 이러한 비전이 충분히 실현될 것이라고 믿지 않았다. 한때 그는 시의회 신부들을 자기편에 두었고, 그는 그들을 예루살렘 교회의 장로들과 같은 위치에 있는 사람들이라 여겼다. 그것은 그가 시의회 신부들을 더는 공동체의 일을 함께 의논하기 위한 필요한 상대로 보고 있지 않았다는 것을 의미했다. 비록 그에게 교회와 국가는 별 차이가 없었지만, 그때부터 종교개혁은 의회의 '의원들' Milords- 곧 우리가 '국가'라고 부르는 존재들-에 의해 수행되었다. 여전히 츠빙글리는 같은 성경 구절이 말하는 것에 따라 모든 사람이 말할 자유가 있다는 '바울의 규칙' the Rule of Paul을 주장하였고, 자유롭게 말할 권리가 보다 폭넓게 존중받아야 한다고 고백하였다. 다음은 1525년 4월에 쓴 그의 글이다.

취리히에서 우리는 아직 회중의 회의를 실행해내지 못하고 있다. 그러나 모든 사람에게는 사제가 공적으로 가르치는 저마다 권리가 있으며2) 그가 잘못 가르치는 것에 대하여 말을 할 수 있는 권리를 갖고 있다. 그러므로 이제 그러한 권리를 자유롭게 실행할 수 있는 회중 앞에서, 평화와 일치의 영이 우리를 일치된 믿음과 이해로 인도해 주실 것에 대해 의심하지 말자.

이와 거의 동시에, 마틴 루터는 '그리스도인 모임으로서 회중은 성경에 의해 증명된 교사들을 부르고, 임명하고, 세울 뿐 아니라, 이들의 모든 가르침에 대해 얼마든지 토론하고 판단할 권리와 능력을 갖고 있다' 3)는 내용의 논문을 쓰고 있었다. 목사들을 임명하기 위해 지역 교회의 동의를 구하는 거짓 교사들과 여러 사람에게 경고하는 성경본문을 증명하면서, 루터 또한 회중들이 질서를 지키려면 고린도전서 14장이 말하는 바를 따라야 한다고 호소하고 있었다.3)

명확하지 않지만 1533년 어느 지점에 몇 명의 스위스 형제단Swiss Brethren, 4)이 주적이었던 하인리히 불링거Heinrich Bullinger로부터 자신들을 보호하기 위한 논문을 썼다. 이 '아나뱁티스트라 불리는 몇 사람에 대한 답변, 그리고 그들이 교회에 참석하지 않는 이유들' 5) 이란 논문은 왜 그들이 봉사를 설교하는 국가교회에 출석하지 않는지 그 이유를 여섯 가지로 밝혔다. "그 첫 번째 이유는 그들 [곧 개혁 국가교회 설교가들]이 복음서와 하나님의 말씀인 고린도전서 14장이 가르치고 있는바, 그리스도의 사랑으로 들어야 한다는 기독교 질서를 올바로 보지 못했기 때문이었다. (만약 덕을 세우기 위한 어떤 것이 그에게 주어지고 계시된다면) 그는 그것을 회중에서 토론하고 말할 수 있어야만 한다…."

하나님의 뜻은 모임 중에 역사 하시는 성령에 의해 알려진다

이러한 내용을 요약해 볼 때, 모든 개신교의 운동은 하나님의 뜻이 어떻게 드러나는지 그 과정에 대해 초창기부터 신학적으로 같은 동기와 확신을 하고 있었음을 확인할 수 있었다. 초기 개신교 운동들은 모두 독립적으로 신학적 확신이 특별히 고린도전서 14장이 명령하고 예시하는 것이라고 이해했다. 전혀 강요됨이 없이 열린 대화를 통해 자발적인 합의가 이루어지게 되었다. 다수가 소수를 압도하는 투표방식도 존재하지 않았고, 어떤 리더가 임무를 수행하기 위해 결정하는 일도 존재하지 않았다. 결정하는 과정이 필요한 유일한 구조는 질서를 지키는 가운데 토론을 진행하고, 결론에 도달한 기록을 남기는 일 외에는 별다른 것이 없었다.

이러한 모든 것은 종교개혁이 영국으로 번지기 훨씬 오래전에 잘 진행되었다. 영국에서도 같은 현상들이 발견되었다. 영국 '침례교신자들' Baptists 중 몇 명이 네덜란드로부터 이러한 '급진적인 개혁' 아이디어들을 얻었지만, 많은 사람이 자생적으로 자신들의 방식을 따라 이와 같은 신념들을 받아들였다. 이 자생적인 '청교도' Puritan 운동은 장로교를 넘어서 회중교회로, 그리고 회중교회를 넘어서 '독립교회' 와 침례교로, 그리고 다시 침례교를 넘어서 시크교Seekers, 레벨러Levellers, 프렌드 Friends, 그리고 랜터Renters로6) 급속히 번져나갔다. 이러한 모든 운동의 핵심은 복음이 자유롭게 선포되어야 하며, 어디서나 복음이 자유롭게 들려져야 한다는 요구였다. 청교도들은 고린도전서 14장이 단지 교회를 위해서 뿐만 아니라, 참정권의 확대로 이어져야 한다고 믿었고, 세속 사회를 위해서도 모임의 자유, 설교의 자유, 그리고 출판의 자유를 요구하였다. 이들은 존 밀턴John Milton으로부터 시작하여 조지 폭스George Fox에 이르기까지 가지각색의 스펙트럼을 요구하였다.

역사학자 배론 린세이Baron A.D. Lindsay는 왕, 사제, 혹은 대학의 꼭두각시가 아니라 청중들의 종으로서 설교자가 선포하는 하나님의 말씀을 듣고, 자유롭게 대화하던 청중에 의한 청교도 비전이 확장되어 앵글로색슨 민주주의(라틴 유럽의 계몽주의적 민주주의와는 아주 다른 방식의 민주주의)가 되었다며 민주주의의 공적을 청교도 비전에 돌렸다.

시크교도들과 레벨러스들은 살아남지 못했고, 침례교도들은 초기 청교도의 목사중심적인 형태를 추구했기 때문에 비전이 변형되었고, 교회를 인도하고 형성해 나가는 모든 지체에 어떻게 그리스도의 성령께서 임하시는지에 대한 이해를 자기 양심적으로 가장 충실하게 사역했던 프렌즈들이 이 비전을 이어 나갔다. 모임 중에 볼 수 있는 퀘이커들의 침묵은, 최근 어떤 사람들이 생각하는 것처럼, 엘리트 신비주의의 형태를 추구하는 것도 아니고 '침묵의 예배'를 드리는 것도 아니다. 그들의 침묵은 어떤 사람이 말을 할 때까지—그리고 어떤 사람을 통해 중요한 논점이 드러날 때까지—형세를 관망하는 기다림의 시간이다. 이러한 점에서 예배를 위한 모임과 심사숙고하는 모임 사이에 존재하는 공식적인 차이란 없다. 예루살렘에서 서로 다른 목소리들이 침묵을 지킴으로 드러났던 것처럼, 이러한 것은 합의가 분명해질 때까지 아무런 결정도 내리지 않는 기다림의 행위이다. 거기에는 아직 확실하지 않은 것을 급히 결정 내리기 위한 다수결에 대한 염려도, 의회적 토론 종결방식에 대한 염려나 아직 들려지지 않은 목소리를 놓칠 염려도 없다. 모든 사람이 충

분히 이야기할 때까지, 그리고 어떤 일에 대하여 관심을 보인 사람들이
스스로 충분히 마음을 털어놓을 때까지 기다린다. 그렇게 하지 않으면
성령님의 뜻을 충분히 알 수 없기 때문이다.

퀘이커들은 예배를 위한 모임에서 그리고 토론에서 신중을 기하기
때문에, 선교에서도 이 방법을 따른다. '형제들의 방식 이후에' 진행되
는 예배를 위한 모임과 일을 위한 모임 또한 모두 같은 형태와 같은 규
칙으로 운영한다. 이러한 것은 '형제들의 봉사위원회' the Friends Service
Committee라고 불리는 구제 단체를 이끌어가는 행정가나 퀘이커 대학의
행정가들에게도 같게 적용된다. 이들은 틀에 의해 구속당하지 않는 열
린 방식으로 말하고, 서로에게 성령께서 말씀하시는 것을 들으며, 일치
를 이루어 나간다. 그들은 제도적 충성심이 낳는 갈등의 상황, 곧 분쟁
이 일어났을 때조차도 각 사람 간에 존재하는 대화의 가능성을 증진시
키기 위해 양측 대표자들을 -예를 들어 특별히 유엔의 서클 안에 있는
북아일랜드 혹은 중동의 문제를 해결하면서- 함께 한자리에 모이도록
하는 특별한 방식을 실천한다.7)

조지 폭스George Fox는 그가 영국을 방랑하면서, '모든 사람에게 하나
님은 그런 방식으로 말씀하신다.' 라는 말을 한 적이 있다. 3세기 전, 프
랜즈들은 영국에 있는 침례세례 후보 그리스도인들에게뿐만 아니라, 그
들이 만나는 사람 누구에게든지 신중한 대화 방법을 적용하였다. 왜냐
하면, 하나님께서는 누구에게나 말씀하시며 누구에게나 들을 수 있는
잠재력을 주셨기 때문이다. 다른 사람의 의견을 소중하게 듣는 것은 인
도주의 차원에서 그러는 아니라, 그리스도 안에서 인간이 된 그 무엇,

곧 이미 창조를 통해 모든 사람에게 드러난 그 무엇을 확언하기 위함이라는 요한의 말씀요1:9을 아주 잘 표현한 것이다.

열린 대화를 통해 진리가 드러나게 된다는 그 확신이 메시아의 공동체 너머로 확산할 때, 구획 지어야 할 경계표는 별로 많지 않게 될 것이다. 일반적으로 우리가 사용하는 일상의 언어는 보다 '세속적'secular이다. 이런 대화에 적용할만한 도덕적 일치는 사실 하찮은 것에 불과할 것이다. 그럼에도, 예수 곧 메시아 시대에 신중한 대화를 지속해야 하는 이유는 그리스도의 목회에 의한 치유 수단들이 자신의 이름을 아는 지식보다 더 먼 곳까지 이를 수 있기 때문이며, 이러한 치유의 수단이 이웃들뿐만이 아니라 원수들의 목소리까지 듣는 헌신에서 나오기 때문이다.

원수의 목소리를 듣는 것은 두 가지 실천 방안을 요구한다. 하나는 간디가 자신의 인생을 설명하면서 표현했던 '진리를 시험해 보는' 것이다. 사회 내에 갈등이 일어날 때 사람들이 폭력을 사용하는 것은 피를 흘리는 것이 윤리적으로 금지되어 있지 않아서가 아니라, 원수가 내가 발견하고자 하는 진리의 과정의 한 부분으로 자리하기 때문이다. 원수들이 내 말을 듣게 하려면 내게 필요한 것은 비폭력적 행동이다. 그러나 나 또한 원수들의 말을 들어야 할 필요가 있다.

두 번째 새로운 자각으로써 우리 시대에 없어서는 안 될 특별한 헌신과 특별한 방법들은 약사의 목소리에 귀를 기울이는 일이다. 오늘날 해방신학자들은 '박해받는 자의 인식론적 특권'에 대하여 이야기한다. 모든 사람에게 발언권을 주어야 한다는 바울의 단순한 규칙을 기억하기보다 부적절하게 말해지는 원인에 더 귀를 기울인다면 이보다 더 어리석은 방법은 없을 것이다.

무정부의 망령

그러나 과연 여러 곳에서 개최되는 지역 모임에서 모든 사람이 말할 수 있는 똑같은 자유, 그리고 합의에 따라 결론을 이끌어 낼 수 있는 똑같은 자유를 갖게끔 할 수 있겠는가 하는 질문이 생긴다. 그리고 이러한 자유를 부여함으로써 생기는 다양성이 무질서를 초래하지는 않을까 하는 질문이 생긴다. 사실 이러한 질문은 위협을 느끼는 가부장주의자들이 늘 경계하는 표준화된 두려움이다. 이에 대한 작지만, 이치에 맞는 답은 성령께서 모든 사람을 통해서 그리고 모든 사람에게 말씀하신다는 믿음 곧 권력의 분산이 답이다. 이러한 분권화는 지역의 필요와 상황에 맞게 실제적인 유연성과 전체적인 문제를 직접 적용할 수 있게 해줄 것이다. 이러한 답의 부분으로써 더 강력하고 신학적으로 타당한 것들이 있겠지만, 우리에게 정말 필요한 것은 예수 그리스도께서 언제 어디서나 같은 모습으로 이러한 일을 해 오셨기 때문에 어떤 절차에서든지 그리스도의 영이 궁극적으로 일치를 이루실 것이라는 믿음을 갖고 그분의 명령에 우리의 주권을 복종시키는 일이다. 시저Caesars와 종교재판관들, 주교들, 혹은 가부장제의 중앙집권적인 통제방식은 진정한 연합을 창조해내지 못한다. 군주제의 칙령은 세심한 경청을 통해 일을 진행하는 것보다 속도는 훨씬 빠르지만, 대개는 잘못된 것들이다. 다수결의 원칙에 근거한 투표나 선거는 비록 결정을 빠르게 할 수 있을지는 모르지만, 진정한 문제를 해결하지 못하며 소수들에게 패배의식과 이해가 되지 않는 분쟁의 소지를 그대로 남겨두게 된다. 이미 말한 것처럼, 의사결정을 하기 위한 퀘이커의 일치방식은 아주 효과적인 '공동의 모델' corporate models로 장로교와 미국 연합감리교회 내에 아주 익숙한 모델로 정착되고 있으며, 대학과 여러 구제기관이 실천할 수 있는 모델이다. 연합감리교회 신자들은 매년 정기총회나 회중 모임에서 과반수에 근거한 다수결 방식으로 무엇인가를 결정하게 되면 미래에 새로운 문제들이 생긴다는 사실을 잘 알고 있다.

성서가 말하는 이러한 '사도적 실행' apostolic practice은 아마도 다른 문제들보다 훨씬 단순하기 때문에 몇 페이지 분량으로 간단하게 정리할 수 있을 것이다. 성령 하나님은 모임을 통해서 말씀하시기 때문에, 어떤 모습이 되었든 대화는 진리를 발견하기 위한 통로가 되어야 한다. 그 모임이 지역 모임이든, 좀 더 규모가 큰 총회나 신앙 공동체, 그리고 그 외의 어떤 그룹의 모임이든 이것은 사실이다.

---

1) 어떤 학자들은 전체 문맥의 흐름을 가로막는 이 두 구절을 두고 바울이 쓴 원문이 아닌, 나중에 첨가된 구절들이라고 주장하기도 한다. 학자들의 주장은 그럴듯하지만, 실제 이 성서구절이 빠져 있는 고대 사본은 없다. 간단하게 이 두 구절을 빼놓고 성서를 읽기는 아주 쉬운 답을 내놓으라고 하는 것과 같다. 비록 어떤 사람이 이 두 구절을 나중에 써서 집어넣었다고 주장할지라도, 그 구절들은 서신서의 나머지 부분과 모순되지 않는 어떤 의미가 있어야만 한다. 어쨌든 그 문장의 마지막 단어들인 '하나님의 말씀이 너희에게서 난 것이냐?' 라고 한 질문은 말을 많이 하는 여자들에게 던져진 질문이라기보다는 32절의 폭넓은 가르침으로 연결되고 있는 것처럼 보인다.

2) ‘공적으로 가르칠 수 있는 그 제사장이란’ 물론 자신을 가리키는 말이다. 고린도전
   서의 본문 안에 그러한 중앙집권적 단독 리더에 대한 언급이 없다는 사실을 츠빙글
   리는 언급하지 않았다.

3) 『루터의 업적』, 39권 301쪽.

4) 스위스 형제단은 그들을 못살게 굴었던 박해자들에 의해 ‘아나뱁티스트
   (Anabaptist)’라고 불렸던 ‘스위스 개혁의 죄악’ 운동이라는 지역적 다양성을 고려
   해 볼 때, 가장 적절한 이름이다.

5) 폴 피치(Paul Peachy) 편집, 「아나뱁티스트라 불렸던 몇 사람들에 대한 답변…」 메
   노나이트 계간지(Mennonite Quarterly Review 45, 1971) 5~32쪽.

6) 1690년부터 1760년 사이에 영국에서 일어난 이러한 여러 운동 중 상당한 혼란 속에
   서 살아남은 운동들은 우리가 아는 장로교, 회중교회, 침례교, 그리고 퀘이커들이
   다.

7) 나는 『그럼에도 불구하고(Nevertheless)-종교적 평화주의의 다양성과 결점』이라
   는 소책자에서 퀘이커 평화건설 운동의 유효성을 설명한 바 있다

6장 결론

우리는 지금까지 다섯 가지 실례들을 개관해 봄으로써 교회의 '실천 사항들' practices, 1)을 대략 살펴보았다. 우리가 실천해야 할 규례로써 이 것은 우리에게 좀 더 폭넓은 질문을 하게 한다. 이러한 실천사항들은 저 마다 가치나, 목적, 그리고 독특한 의미가 있기 때문에 독립적으로 존재 할 수 있다. 물론 이들에게 같은 특색이 있다는 것 또한 처음부터 언급 하였다. 이제 이러한 모든 시리즈를 다시 한 번 되돌아보면서 무엇이 독 특한 것이고 무엇이 같은 특색인지 살펴보아야 할 것 같다. 다섯 가지 실례들로부터 우리가 일반화시킬 수 있는 것은 무엇인가?

'성례전' 의 개념: 인간의 행동을 통해 하나님께서 일하심

친교의 과정으로 묘사했던 마지막 두 가지 실례들, 곧 우리의 연구 중

첫 번째 것과 같은 '매고 푸는' 역할의 다양성 및 '바울의 규칙'(대화를 통한 의사결정)은 우리가 보통 '예배' worship라고 부르거나 '예식' liturgy 이라고 부르는 것을 통해 실행되지는 않는다. 그러면 왜 이들은 예배나 예식 안에 포함되어 있지 않을까 이들은 공식적으로 설명될 수 있고, 신자들이 믿음을 따라 함께 모일 때 실천하는 의식임은 분명하다. 그리고 각각의 방법을 볼 때 하나님께서 활동하시는 방법의 하나임이 틀림없다. 교리적으로도 충분히 설명되는 실천사항이다. 이들은 또한 하나님과 인간의 행동이 모두 관련되며, 반드시 행해야 하는 실천사항 중의 하나이다. 각각의 실천사항이 올바로 실천되는가 아니면 잘못 실천되는가는 큰 차이를 만든다. 대부분 교회가 두 개의 '성례전' 2)만을 주로 강조하고 나머지는 잊어버린 잘못에 대해 신학적 근거가 없는 잘못된 결론이다.

우리가 검토해보았던 이 다섯 가지 실천사항 모두는 사회적 과정을 설명하는 요소라고 말할 수 있다. 이들은 비종교적인 언어로 번역될 수 있다. 은사의 다양성은 사회적 과정 속에서 겸손한 사람들의 능력을 고양하고 계급제도의 종말을 고하게 할 수 있는 모델이다. 성령 안에서 시행되는 대화는 민주주의 개념인 발언권의 기초이다. 죄를 범한 사람을 매고 풀기 위한 권고는 갈등 해결과 양심을 고양하기 위한 토대가 된다. 침례세례는 빵을 뗌을 통해 사회 속에서 서로 다른 인종을 받아들이도록 하며, 경제적인 책임을 함께 지게 한다.

여기에서 우리의 관심은 '미신적인' 혹은 '마술적인' 차원의 '성례전' 개념이 어떻게 발전하게 되었는지 중세적 변화에 대하여 토론하려는 것이 아니며, 종교개혁이나 지난 몇 세기 동안 일어났던 영적 각성 운동을 통해 우리가 최초의 비전을 되돌려 놓을 수 있는지 우리 경험을 통해 역사적 관점을 분석하려는 것도 아니다. 가장 의미 있고 올바른 용어가 무엇이든 간에, 오히려 우리의 관심은 현재 가장 타당하며 신학적으로 적절한 '성례전'에 대한 비전이 무엇인지를 찾아 새롭게 하려는 것이다.

침례교와 여러 자유교회free churches들은 주류가 사용하는 성직자 중심의 신비적, 제도적인 의미의 '성례전'이란 용어 자체를 신임하지 않기 때문에, 이를 반대하는 의미로 '성례전'이란 단어 자체를 사용하지 않는 경향이 있다. 성례전 이란 말 대신에 침례교에서는 예식ordinance이라는 말을 사용한다.

성례전에 반대하는 사람들에게 사전을 집필하게 하거나 '손상된' spoiled단어들을 포기하게 하는 일은 얼마든지 가능하다. 또한, 성례전을 믿는 사람들이 관심을 가질만한 논쟁적인 갱신을 꾀하거나 에큐메니칼 논쟁은 얼마든지 가능할 것이다. 그러나 우리가 더욱더 조심스럽게 언어를 선택해야 한다면, 그리고 우리 자신을 위해 용어들을 재정의할 수 있는 환경 아래에 있다면, 전략을 바꾸고 오랫동안 사용되어 온 언어 대신에 사용할 수 있는 새로운 용어를 창조해 내는 상황에서 충분한 시간을 가져야 한다. 곧 성례전이 원래 뜻했던 적절한 의미들을 회복하기 위해 충분한 시간을 가져야만 한다. 독자들이 알게 되겠지만, 나는 이미 복음적evangelical이란 오래된 단어를 사용하여 이를 표현해 왔다.

하나님께서 활동하시는 행동의 구체적인 통로로서 '평신도' lay라는 단어가 갖는 기본적인 의미를 통해 살펴본다면, 이러한 다섯 가지의 실천사항들-형제의 권고, 열린 모임, 은사의 다양성, 세례 그리고 성찬식-의 모두가 예배이며, 목회이며, 찬양이며, 축제이며, 의무이다. 이러한 모든 것은 남자와 여자가 하는 행위 안에/행위와 함께/행위를 통해/행위 아래서 일어나는 하나님의 활동들이다. 이러한 일이 일어나는 곳이야말로 세상 속에서 하나님의 사람들이 진짜가 되는 곳이다.

비록 격식에서 벗어나고 전통적이지 않지만 이러한 활동들을 이해하는 것은 그리 비밀스러운 일도 아니며, 어려운 일도 아니다. 신천사항들은 공개적으로 가능한 행위로 우리 이웃이 쉽게 볼 수 있을 뿐만 아니라, 사실상 이웃과 함께 나누고, 이해하고, 따라 해야 할 것들이다. 이러한 것들이 침례교나 형제교회가 선호하는 것으로써 의식ordinance이 되었든, 고상한 전통을 실천하는(그러나 실제로는 깊은 의미가 없는) 것으로써 성례전이 되었든, 나는 별 관심이 없다.

우리가 다루는 주제에는 '다섯 가지 실천사항' five practices과 관련된 일련의 용어들이 있다. '영적인 훈련' 과 같은 용어들은 최근 들어(다시금) 친숙한 용어가 되고 있다. 교회의 두드러진 문화로 여겨지는 기도, 명상, 상담, 묵상훈련, 그리고 영적인 지침들이 자발적인 훈련에 의해 다시 행해지고 있다. 이러한 활동들이야말로 우리가 여기에서 연구해야 할 내용인데, 이러한 것들은 기독교인들의 삶에 직접 연관되어 있고 의도적으로 해야 할 활동들이다. 틀림없이 이러한 훈련들은 우리가 이야기하는 '다섯 가지의 실천사항' 을 지지하기도 하며, 이들에 의해 지지를 받기도 한다. 이 활동들은 상호 인격적으로 혹은 제도적인 구체성을 가지기도 한다.

정치적 신실함의 형태

논의를 진행하면서 나는 신약성서가 제시하는 특유한 비전과 최근 서구 사회의 윤리적 사상 중 지배적인 정신적 유형들이 어떻게 다른지 보여주기 위해 중간 중간 논리를 멈추어가며 독자들의 관심을 환기시켰다. 이제 모든 것을 종합하기 위하여 이러한 비전들의 독특성을 하나로 정리할 때가 되었다.

비록 이전 설명에서 각 상황을 일일이 강조할 여유가 없었지만, 이제 이곳에서는 '다섯 가지의 실천사항' 에 대한 이전의 설명을 다시금 하나하나 요약하는 모습이 될 것이다.

어떤 사람은 이러한 실천사항들아마도 하나나 두 개를 더 추가해서, 3)을 이상적으로 요약하기 위하여 각 항목을 마련하여 고대 이스라엘부터 흩어진 유대주의를 거쳐 예수에 이르기까지 정리하고, 다시 예수로부터 시작해서 후대의 역사인 자유교회의 갱신운동과 현재에 이르기까지 역사를 개관하는 백과사전 도표식 설명을 시도할 수도 있을 것이다. 이곳에서는 총체적인 도표를 그려서 설명하지 않겠지만, 독자들의 마음에 전체적인 인상을 강하게 남길 수 있도록 일반화를 통해 설명을 시도할 것이다. 특별히 이 책에서 연구를 시작하면서 던진 질문들, 소위 말해 어떻게 복음이 우리가 사는 세상에 영향을 미치는가 하는 질문들 및 이와 관련된 교훈, 곧 분명한 가능성이 있는 일반적 교훈들에 관심을 쏟을 것이다.

A. 어떤 것이 '실제 세상(real world)'인가. 현재 사람들을 지배하는 정신적 습성은 일반적으로 믿음이 없는 세계관의 부분 집합으로써 '저편' out there에 어떤 목적이나 실재에 동의할만한 이유를 두고, 그에 적합한 더 넓은 그림을 그려주는 용어들을 믿음의 관점에서 창출해 내야 한다고 가정한다. 이에 대하여 내가 제안하고 싶은 것은 세상이 믿음과는 완전히 분리되어 있다고 보거나, 자신의 편견 자체를 인정하지 않고 세상을 의심의 눈초리로 보기보다는 세계역사를 믿음의 비전으로 올바로 볼 수 있도록 부름을 받았다는 사실을 인정해야 한다는 것이다. 현대 세계는 복음이 가진 세상에 대한 비전의 한 부분에 해당하지, 어떤 다른 세상으로써 존재하는 것이 아니다. 우리가 연구를 마치면서 말하고 싶은 것은 복음 그 자체의 개념으로 모든 것을 다시 시작할 수 있으며, 바로 저기어떤 사람이 정의한 '모든 것의 본질' 속의 '실제 세상'이 처음 시작될 때보다 하나님의 소명을 따라 복음이 더 잘 실행될 수 있다는 사실이다.

B. 세상의 불신을 참작하라. 그리스도인의 제자도는 그리스도를 믿는 믿음에서 파생되는 것이다. 그러므로 제자도는 그리스도를 믿는 믿음으로부터 비롯되지 않은 사회 구조를 향해 '조정' mediation이나 '해석' translation 없이 우리가 무언가를 말할 수 없다. 부분적이긴 하지만 '당신은 복음으로 세상을 통치할 수 없습니다.' 라고 한 루터의 말은 진리이다. 이것은 루터가 세상을 통치하려는 방법으로 그리스도인은 복음이 아닌 다른 '정치적' 지침을 찾아보아야만

한다고 생각했었다는 것을 의미한다. 더욱더 단순한 관점은 우리가 세상을 위해 봉사할 수 있지만, 세상을 다스리도록 부름을 받지 않았다는 생각이다.

C. **공통적이며 실제적인 안건.** 그럼에도, 우리가 설명하는 다섯 가지 '실천사항'은 믿음의 공동체와 또 다른 사회를 연결하는 다리이자 조정의 한 종류가 될 수 있다. 이러한 '조정'은 번역의 정신적 혹은 구술적 조작이나 개념적 가교가 아니라, 오히려 예수 안에서 이웃들 간에 발생하는 일상적인 사회의 문제들을 다르게 해결하고자 하는 신자들의 구체적이며 역사적 현존으로 자리한다. 그들은 인종을 초월하는 형제·자매로서 교제를 하며, 자신들의 빵을 나누며, 서로 용서한다. 그들은 자신들을 다른 사람들 앞에 솔직하게 드러내며, 자신의 삶을 모방하도록 하며, 일상생활의 기본이 되도록 자신을 내어 놓는다.

D. **비 이분법적 본질.** 이러한 조정 혹은 '하나님나라의 현존'kingdom presence은 전통적인 사회윤리학이 단언하는 이원론, 곧 문화로부터 그리스도를 분리하거나, 복음으로부터 법을 분리하거나, 구속으로부터 창조를 분리하는 이원론을 거부한다. 이러한 이분법에 따르면 윤리-혹은 사회 윤리-는 대화의 세계에 있어서 복음이 기독교 사상과 증언과 비교하면 별로 믿을 만한 것이 될 수 없거나 되어서는 안 된다고 주장한다. 주된 기독교 전통들로마 가톨릭, 루터교, 그리고 캘빈주의은 다른 방식으로 이러한 이분법을 주장한다.

E. **통치하기 위함이 아닌 섬기기 위함.** 이 세상에서 그리스도인의 현

존이 이끄는 이미지는 신자들에 의해(혹은 그들의 사상들에 의해) 세상이 통치되어야만 한다고 생각과 군주처럼 다스리는 통치가 아닌 섬기는 종 됨이다. 우리는 주께서 법을 만드시고 관료들이 이를 이행하도록 함으로 사회 과정 속에서의 우선순위도 주되심의 모델들에 양도하도록 훈련받아야 한다.

F. **복음.** '다섯 가지의 실천사항' 들 및 그 실천사항의 여러 가지 측면들이 공통으로 드러내는 모든 것은 '좋은 소식' good news이라 할 수 있다. 이것이 **복음**gospel이라는 명사와 **복음주의적**evangelical이라는 형용사가 갖는 본래의 의미이다. 이것은 만약 사람들에게 말해지지 않는다면 결코 알 수 없는 그 무엇을 말하는 것이다. 이 소식은 '좋은' good것으로써 증명되어야만 한다. 곧 이 소식은 복음을 전해 듣는 사람들에게 도움이 되어야 하며, 구원과 치유로 이해되어야 한다. 의미상, 이 좋은 소식은 항상 공식적으로 정의되어야 한다. 곧 그것은 드러내놓고 선포되어야 한다. 복음은 은밀한 모습으로나 사적인 모습으로 전해질 수 있는 것이 아닌 공적인 소식이 될 수 있어야 한다. 그러나 '좋은 소식' 이 되기 위한 방식은 어떤 장터에서 선포될 만한 것으로 만들어지거나, 신뢰할만한 어떤 사람이 미리 그려 놓은 그림에 맞추어 사는 모습은 아니다. 예수와 그의 제자들에 대한 1세기의 특별한 상황 혹은 유대주의에 기반을 둔 원래의 복음 메시지에서 벗어나 있는 관념과 추출된 모습은 결코 좋은 소식이 될 수 없다.

이 책의 제3장에서 기록한 것과 같이 이러한 실천사항들은 모두 그리스도의 구속사역으로부터 비롯된 것이지, 타락한 창조나 시간에 구애받지 않는 순수이성 속에 존재하는 하나님에 대한 지식이라는 측면에서 비롯된 것이 아니다. 그렇다고 실천사항이 복음을 사적으로만 머무르게 하지는 않는다. 그것은 본질/원인이 어떻게 되어야만 하는가에 대한 지식으로 나가도록 하는 그 어떤 접근방식보다 죄를 더 실제적인 문제로 받아들이며, 동시에 화해를 더욱더 희망 있게 만든다.

G. **몸에 관하여.** 일반적인 표준 접근 방식들과는 대조적으로, 이러한 실천사항들은 개인을 변화의 가장 중심에 놓지 않는다. 개인은 잊혀 지지도 상대화되지도 않는다. 그러면 독특한 카리스마라는 개념보다 더 분명한 것은 무엇일까 그것은 약자에게 발언권을 위임해 주는 것이다. 이보다 약자를 더 존중해 주는 방법은 없다. 개인의 변화된 '시각들' insights이나 혹은 세상을 변화시키기 위한 '내면' insides에는 결코 신뢰를 둘 수 없다. 변화를 가능하게 해주는 지주와 식별을 위한 공개토론이 곧 한 몸을 이루는 신자들의 공동체가 가진 윤리적 독립성이다.

H. **그리고 국가는?** 내가 국가에 대해 설명을 하지 않은 이유는 나의 전체 설명이 국가의 압제정치나 전쟁에 대한 관심이 다른 주제들보다 크지 않았기 때문이며, 복음서가 이들에 대해 별로 관심을 두지 않았기 때문이다.4) 우리는 메시아의 부르심에 대한 열심당의 개념을 거부하는 예수의 모습을 잘 알고 있다. 우리는 진리를 행함으로 그의 주되심을 거부했던 모델들과 그 중요성이 의미하는 바를 알아야 한다. 사실 종 됨에 대한 그의 선택은 우리가 검토해 보

았던 다섯 가지 실천사항이 의미하는 부분이기도 하다. 열심당원이며 해방운동가유대인 체 게바라는 부자들을 빈손으로 보냈고, 사막에서 군중들을 먹였고, 갇힌 자를 풀어주었지만, 과부들을 먹이려면 헬라인들에게 안수하지 않을 수 없었다. 그는 사회적으로 잘못된 열매를 거두는 바구니를 뒤엎어 버렸으나, 몸의 각 지체의 카리스마적 권위는 인정하지 않았다. 그는 다가오는 심판을 두려워하여 회개에 합당한 열매를 맺고자 했던 사람들에게 침례세례를 주었지만, 유대인과 이방인들, 남자와 여자들을 동등한 존재로 여기지 않았다. 국가주의는 항상 인종주의를 조장하기 때문에, 우리는 '새로운 인류'라는 기치 아래 폭력을 거부하도록 배웠다. 전쟁은 용서하지 못해서 일어나는 대안이기 때문에, 그리고 전쟁은 항상 부분적으로 경제적인 이유가 있기 때문에 나눔을 위한 비폭력은 (매고 푸는) 화해라는 범주 아래에 속해있다. 그러므로 이러한 다섯 가지 실천사항 모두는 예수의 메시아 되심의 형태로써 고난받는 종의 조건들을 받아들이기 위한 예수의 근본적 결정의 다른 방법들이다.

I. **명령.** 이러한 실천사항들을 위한 권위는 이제 모두 드러났다. 곧 그것은 우리가 성육신 혹은 구속이라고 부르는 것으로, 인류의 역사 속에 개입되어 있다. 예수는 사람들에게 이 예식들을 지키라고 말씀하셨다. 그는 하나님의 이름으로 그렇게 사셨고, 자신의 제자들에게 이 실천사항을 수행해나갈 때 하나님께서 그들에게 능력을 주실 것이라고 보증해주셨다. 이 초자연적인 위임명령이야말로 내가 소위 **성례전**이라고 칭하는 것을 (만약 우리를 어지럽히는 중세시대의 의미들을 모두 일소할 수 있다면) 적절하게 실행해야 한다

고 주장하는 이유이다. 이전에 이야기한 바대로, 실천사항이 올바로 시행되는가 시행되지 않는가는 엄청난 차이를 만들어 낸다.

J. 패러다임. 그러나 우리가 보았듯이, 아직도 이러한 실천사항은 어떤 내세적인 감각예수의 인간 되심조차도을 생산해내는 '예식'ritual이나 '종교적인'religious 것으로 여겨지지 않고 있다. 이러한 예식을 통해 드러나는 그 무엇은 사회학자들이 볼 수 있는 비종교적인 용어로 쉽게 바꾸어 말할 수 있으며, 그러기에 얼마든지 사회과정의 용어들로 표현될 수 있다. 자신의 신앙을 다른 사람들과 함께 나누길 원치 않는 사람들과 공동체에 끼고 싶어 하지 않는 사람들은 비종교적인 언어로 이러한 것들을 배워야 한다. '매고 푸는 것'은 갈등해결, 대안 소송, 그리고 '교정 교육'corrections에 대한 대안적 관점들과 관련되어 있으며, 여러 가지 모델로 나타날 수 있을 것이다. 빵을 떼는 것은 단지 사회 무료급식소나 그리고 노숙자 센터들을 위한 것만이 아니라, 사회보장이나 생활보호기금을 위해서도 적용되어야 한다. '모든 지체에는 은사가 있다'는 것은 수직적 '사업' 모델의 경영방식을 극복하기 위한 즉각적인 대안이기도 하다. 열린 대화는 왜 일본사람들이 디트로이트에서보다 더 좋은 차를 만들 수 있었는지 하는 문제와 밀접한 관련이 있다. 성령 안에서 대화를 진행하는 것은 민주주의 개념의 초석인 발언권과 직접 관련되어 있다.

우리가 이러한 관점으로 사회 윤리에 접근한다면 우리 시대의 돌봄에 대한 직접적인 명령들에 대해 다른 사람들이 엉뚱한 근거를 두고 이야기하거나 엉뚱한 곳으로 우리를 인도하지 않을 것이다. 물론 전체적으로 그 형태는 다른 접근방법들과 분명히 차이가 있을 것이다. 곧 기독교 사회윤리는 믿음의 공동체5)의 증거로부터 독립된 모습으로 정의되는 것이 아니라, 그 공동체에 의해 파생되는 것에 의해 정의되어야만 할 것이다.

믿음의 조직체승천과 오순절의 기점에서 볼 때 이제 막 구성된는 이미지로 그들 앞에 새로운 세상이 펼쳐진다는 것을 보여주는 이미지이다. 그리스도의 몸인 이 믿음의 조직체는 자신을 새롭게 갱신해나가는 또 하나의 세상이다. 곧 교회는 세상 전체가 거듭나도록 부름 받았다는 사실을 증거 하는 세상의 중요한 부분이다. 자신의 메시지에 (아주 점잖은) 신실한 이 믿음의 조직체는 세상에 존재하며 세상을 변화시키는 갱신의 도구이다. 그것은 아마도 무엇인가를 분명히 나타내는 존재이며, 혹은 실험계획이며, 혹은 주춧돌이 되는 '도구' instrument 일 것이다.

구속의 모습을 기대하는 존재들로서, 세상을 위해, 세상 안에, 세상과 함께 살아가는 우리에게, 그리고 하나님을 거스르는 존재로 정의되는 그 '세상' the world에서 하나님의 사람들에게 세상을 거스르는 존재가 되라는 것은 단순히 우리가 제시할 수 있는 대안적 전략이 아니다. 왜냐하면, 우리의 입맛을 보다 '가톨릭적' 이거나 혹은 '침례교적' 6)인 것에 의존한다든지, 혹은 현시대의 상황들이 더 도움되든지 그렇지 않든지 판단하는 우리의 생각 중 하나를 선택하는 데 있어서 우리가 결코 자유롭지 못하기 때문이다. 우리의 입지에 대한 각 차원은 다른 입지를 결정하기 위한 선결요건이 된다. 근본적으로 '세상을 거스르지' 않는 교회는 세상을 위해, 그리고 세상에 대해 말할 가치가 없다.7) 회심과 세상과 분리하는 것은 내세를 위한 것이 아니다. 왜냐하면, 이러한 것들은 사물의 한가운데에 이미 적절하게, 구속적으로 존재하는 유일한 방법이기 때문이다.

아주 오래전, 프랑스 개혁을 이끌었던 평신도 신학자 자끄 엘륄Jacques Ellul은 『세상 속의 그리스도인』*The Presence of the Kingdom,* 대장간이라는 책에서 증거하는 공동체가 되려면 세상 한가운데 서 있는 우리에게 가장 중요한 것은 그리스도인들이 수행하는 특별한 계획들이 아니라 하나님께서 보고 싶어 하시는 일들이 무엇인가에 대한 기본적인 이해가 무엇인지를 아는 것이라고 논쟁했다. 반 세대가 지나고서, 엘륄은 사건들과 제도들의 이러 저러한 사회의 모습을 하나님의 목적을 핑계로 너무 쉽게 정당화하는데 자신의 슬로건이 사용되는 것을 반대하기 위해, 『하나님나라의 거짓된 현존』*False Presence of the Kingdom*이라는 책을 써야만 했다. 자끄 엘륄이 변화시킨 것은 자신의 생각이 아니었다. 왜냐하면, 그것은 오히려 세상을 사랑하고 세상에 순응하기를 거절하는 것이, 세상 한가운데에서 존재함으로써 낯선 조직체가 되기 때문이다. 이렇게 낯선 조직체로써, 사람들이 둘 중의 하나 혹은 좋아하는 것을 선택하는 자유를 가짐으로 계급의 목적들을 반대하는 것이 아니라, 동전의 양면으로써 항상 필요한 존재가 되기 때문이다.

이것은 패턴인가?

이 책에서 우리가 함께 다루고자 했던 연구 분야를 되돌아 볼 때 생겨나는 또 하나의 질문은 나의 발표형식에 관한 것이다. 예시된 다섯 가지 설명들을 세밀히 살펴본 결과 이들은 공식적으로 같은 목적이 있다. 히브리 자손들이 짊어진 관습을(비록 그러한 것들이 깊이 있게 추구되지 않는다 할지라도) 살펴볼 때, 신약성서에 있는 이러한 다섯 가지 '실천사항' 들 하나하나는 오히려 단순한 형태인 것을 우리가 알 수 있다. 우리는 지난 몇백 년 동안, 이러한 실천사항의 각 주제가 생겼다가 없어지고, 표면으로 드러났다가 사라지는 모습을 보아왔다. 이러한 것들이 우리 인류의 일반적인 희망으로써 교회의 울타리를 넘어 세상으로 연결될 수 있음을 우리는 보아왔다.

그렇다면, 이러한 모습으로 각각의 주제가 비슷한 방식으로 펼쳐질 수 있도록 하며 본질이 거기에 있고, 이러한 형태로 본질이 드러나기 **때문에** 그러한 방식 안에서 각각의 중요한 주제가 비슷한 방식을 따라 펼쳐질 수 있도록 한 걸음 더 나아가면서, 나의 일반적인 접근방법이 '정말' true이라고 강력하게 요구해야 하는가? 사물의 본질 안에 존재하는 더 깊은 논리로 나아가야 하는가?

나는 이 부분에 대하여 더 많이 달라고 요구하고 싶지 않다. 이러한 전체 그림을 따라 같은 방식으로 자신들을 설명하는 것이 맞지 않을 수 있다. 교회에 대하여 언급한 똑같은 것을 똑같은 방식으로 세상에 적용할 수 없는 그런 주제들이 있다. 우리가 다섯 가지 실천사항들을 통해 다루지 못한 것으로써 그리고 신약성서의 '성례전'과 깔끔한 균형을 적용할 수 없는 것으로써 교회와 세상에 모두 중요한 제자도의 요소들도 있을 수 있다. 구약성서의 '성취' fulfill라는 것과 같은 개념하에 있지 않은 신약성서의 여러 주제도 있을 수 있다.

그러나 여전히 나는 지나치게 조심성을 보이고 싶지는 않다. 일단 우리가 다루었던 다섯 가지 실천사항들을 올바로 식별하게 되면, 아주 깊은 구조 속에 하나님께서 구원하시고자 목적하신 모든 형태가 더욱 폭넓게 조명되어 음에 대해 그리 놀라지 않을 것이다. 다른 신학적 체계들을 위해 요구되는 더 깊은 구조는 인간의 본성과 은혜의 이중성이라든가, 혹은 율법과 복음의 이원론이라든가, 혹은 삼위일체와 같이 그 흔적을 찾아야만 하는 지식적 구성을 요구한다. 우리가 이 책에서 살펴본 것과 같이 세상을 향한 하나님의 목적이 순례하는 백성의 사회적 실존을 넘어서 역사를 가로지르며 논리적인 모습으로 존재해서는 안 될 이유라도 있단 말인가?

---

1) 나는 가능한 한 가장 중립적인 단어로써 실천사항(practice)이란 용어를 선택했다. 이에 대하여 어떤 사람은 우리 시대의 철학자인 매킨타이어(Alastair MacIntyre)가 이 평범한 단어를 가장 중요한 단어로 만들어 윤리적 이해를 회복시킨 것에 주목하기도 했다.

2) '성례전(sacrament)' 의 개념을 금지하기 위한 가장 철저한 노력을 한 사람은 버나드 엘러(Vernard Eller)로서 「성례전의 위치: 세례와 주의 만찬에 대한 연구」(*In Place of Sacraments: A Study of Baptism and the Lord's Supper*, Grand Rapid: Eerdmans, 1972) 라는 논문을 썼다. 나는 예식적 '종교(religion)' 나 중세 시대의 '미신적인(superstitious)' 혹은 '마술적(magical)' 차원의 성례전이 의미하는 그 무엇에 대한 엘러(Eller)의 비평에 동의한다. 만약 성례전에 반대하는 사람들에게 사전을 집필하게 하거나 해야 한다면, 아마도 그만한 적격자는 없을 것이다. 엘러가 지적했던 것과 같은 점을 말하고 싶지만, 나는 이를 대치할 만한 단어를 특

별한 예식적 영역 안에 가두어 두기보다는 a) 세 가지 다른 실천사항들을 더하고 b) 이 세 가지 실천사항을 사회적으로 정의하고 c) 어떻게 이들이 '실제 세상(real world)'의 지주로서 작용하는 '정치학(politics)'과 연결되는지를 보여줌으로써 그 의미를 더욱더 확실하게 하였다.

3) 다른 예들은 원수를 사랑하는 것(이책 111쪽의 E 항목과 165쪽의 H항목을 참고), 진리를 말하는 것, 노예를 해방하고, 디스리는 대신 심기는 것이다.(아래 수 4를 참고하라)

4) 『예수의 정치학』이라는 책에서 나는 예수의 목회의 정치적(political) 특성에 대해 특별한 관심을 보였는데, 어떤 사람들은 원수를 사랑하는 것과 비폭력에 대한 것만이 나의 관심인 것처럼 생각하는 듯 보인다. 그러한 이유 때문에 나는 여기에서 이 문제를 중시하지 않았다.

5) 어떤 체계들은 안내의 또 다른 근원을 '이성(reason)', 혹은 '자연(nature)', 혹은 '창조(creation)'라고 말한다. 곧 이러한 다양한 의미들은 그들이 다른 행동들을 요구하거나 다른 방법으로 알려진 존재인 예수를 회피하거나 무시한다는 공통점이 있다. 3장의 세례와 새로운 인류 45쪽에 기록되어 있는 D 항목과 상호 관련이 있는 것으로써 전쟁을 선호하는 것에 대해 규칙적으로 상소하는 국가적 연합, 최고 권력에 상소하는 합리성, 정치적 '효율성(effectiveness)'의 '현실주의(realism)'등 '다른 가치들(other values)'로 언급되었다. 나의 책 『근원적 혁명』(*The Original Revolution*, 대장간, 2011) 127쪽을 참고하라.

6) 종교 양식에 관한 한 가장 박식한 분석가 중 한 사람인 조나단 스미스(Jonathan Z. Smith)는 그것이 위치적으로 존재하든(locative) 유토피아적으로 존재하든(utopian) 하나님께서 어떻게 역사에 개입하고 계신지에 대한 여러 가지 이해들을 나누어야만 한다고 제안하였다. 이것은 아주 훌륭한 분석가들이 자신들의 자료들을 나누는 방법의 하나다. 그러한 분리들이 필요한 것인지는 확실히 잘 모르겠다. 그러나 아마도 이러한 두 가지 차원들은 변증법적으로 서로 맞물려 있는 것 같다.

7) '문화를 변화시키는 그리스도'라고 지칭함으로써 문화 전략을 옹호하는 사람으로 가장 잘 알려진 헬무트 리처드 니버(Helmut Richard Niebuhr)는 『세상을 거스르는 교회』(*The Church Against the World*, Chicago: Willet and Clark, 1935)라는 중요한 책을 쓰기도 했다.

요더의 저서 (∗ 표는 대장간 요더 총서)

- The Christian and Capital Punishment (1961)
- Christ and the Powers (translator) by Hendrik Berkhof 「그리스도와 권력(가제)」(대장간)∗
- The Christian Pacifism of Karl Barth (1964)
- The Christian Witness to the State 「그리스도인과 국가(가제)」(대장간)∗
- Discipleship as Political Responsibility (1964)(KAP역간)
- Reinhold Niebuhr and Christian Pacifism (1968)
- Karl Barth and the Problem of War (1970)
- The Original Revolution: Essays on Christian Pacifism 「근원적 혁명」(대장간)∗
- Nevertheless: The Varieties and Shortcomings of Religious Pacifism 「그럼에도 불구하고」(대장간)∗
- The Politics of Jesus 「예수의 정치학」(IVP)
- The Legacy of Michael Sattler, editor and translator (1973)
- The Schleitheim Confession, editor and translator (1977)
- Christian Attitudes to War, Peace, and Revolution: A Companion to Bainton (1983)
- What Would You Do? A Serious Answer to a Standard Question 「당신이라면?」(대장간)∗
- God's Revolution: The Witness of Eberhard Arnold, editor (1984)
- The Priestly Kingdom: Social Ethics as Gospel (1984)∗
- When War Is Unjust: Being Honest In Just−War Thinking (1984)
- He Came Preaching Peace 「평화의 주 그리스도(가제)」(대장간)∗
- The Fullness of Christ: Paul's Revolutionary Vision of Universal Ministry 「그리스도로 충만함」(대장간)∗
- The Death Penalty Debate: Two Opposing Views of Capitol Punishment (1991)
- A Declaration of Peace: In God's People the World's Renewal Has Begun (with Douglas Gwyn, George Hunsinger, and Eugene F. Roop) (1991)
- Body Politics: Five Practices of the Christian Community Before the

Watching World 『교회, 그 몸의 정치』(대장간)*

- The Royal Priesthood: Essays Ecclesiological and Ecumenical (1994)*
- Authentic Transformation: A New Vision of Christ and Culture (with Glen Stassen and Diane Yeager) (1996)
- For the Nations: Essays Evangelical and Public (1997)
- To Hear the Word (2001)
- Preface to Theology: Christology and Theological Method (2002)
- Karl Barth and the Problem of War, and Other Essays on Barth (2003)
- The Jewish-Christian Schism Revisited (2003)
- Anabaptism and Reformation in Switzerland: An Historical and Theological Analysis of the Dialogues Between Anabaptists and Reformers (2004)*
- The War of the Lamb: The Ethics of Nonviolence and Peacemaking 『어린 양의 전쟁』(대장간)*
- Christian Attitudes to War, Peace and Revolution (2009)*
- Nonviolence: A Brief History The Warsaw Lectures (2010)*

Articles and book chapters
- (1988) The Evangelical Round Table: The Sanctity of Life (Volume 3)
- (1991) Declaration on Peace: In God's People the World's Renewal Has Begun
- (1997) God's Revolution: Justice, Community, and the Coming Kingdom